集人文社科之思 刊专业学术之声

集 刊 名：都市社会工作研究
主办单位：上海大学社会学院社会工作系
主　　编：张文宏
执行主编：范明林　杨　锃

Vol.6 RESEARCH ON URBAN SOCIAL WORK

第6辑

集刊序列号：PIJ-2016-184
中国集刊网：www.jikan.com.cn
集刊投约稿平台：www.iedol.cn

RESEARCH ON URBAN SOCIAL WORK　Vol.6

张文宏／主编

范明林　杨　锃／执行主编

都市社会工作研究

上海大学社会学院社会工作系主办

第6辑

社会科学文献出版社
SOCIAL SCIENCES ACADEMIC PRESS (CHINA)

都市社会工作研究 　第 6 辑
2019 年 6 月出版

目　　录

都市社会工作研究　第 6 辑

第 1~15 页

© SSAP, 2019

上海市老年人长期护理保险与社区服务
需求现状研究

——以上海 W 街道为例

刘晴暄　袁崇来　安　然*

摘　要　2017 年 1 月 1 日，上海市进入深度老龄化阶段，纯老家庭、独居老年人数量不断增加。养老问题日趋严峻，为此上海积极倡导建立"居家为基础，社区为依托，机构为支撑"的养老服务体系，同时进一步制定相关照护政策，自 2018 年 1 月 1 日起，长期护理保险在上海市全面开展试点工作。随着长期护理保险的试点与发展，了解老年人对长期护理保险的需要也是养老事业的重要研究问题。W 街道是上海市典型的老龄人口多，养老问题日趋紧迫的社区，本研究基于该街道养老服务现状，设计调研问卷，依照年龄段抽样，对 543 位户籍老年人进行入户调研和访谈，针对老年人生理、心理状况，重点从老年人对长期护理保险的服务需求、社区养老服务及设施、电子通信设备的使用情况、社区参与及情感支持、社区安居环境五个方面分析老年人服务需求。研究发现：享受长期护理保险服务的老年人虽然比例较低，但普遍需求程度高，社区敬老氛围浓厚，新型电子通信设备的发展为将来开展智能化养

---

* 刘晴暄，上海师范大学社会学系副教授，主要研究方向为老年社会工作；袁崇来，上海市第一妇婴保健院医务社工，主要研究方向为老年社会工作；安然，上海师范大学社会工作专业硕士。

老奠定了基础，养老设施及服务项目等方面仍需要改进。研究组针对现状提出了相关应用操作性建议与保障推动性建议。

关键词　老龄化　长期护理保险　社区养老　老年人服务需求

一　前言

（一）研究背景

依据《上海市老年人口和老龄事业监测统计调查制度》，截至 2016 年 12 月 31 日，60 岁及以上老年人口 457.79 万人，占总人口的 31.6%，进入深度老龄化阶段，且纯老家庭、独居老年人数量不断增加。与此同时，养老问题的解决日趋紧迫，养老体系亟待完善，契合老年人实际的优质、专业养老服务需求日益迫切。为了缓解人口老龄化带来的问题，政府积极推动医养结合，全方面为养老问题做出引领和指导，建立"居家为基础，社区为依托，机构为支撑"的养老服务体系。在人口老龄化压力下，我国失能老人的规模将不断扩大，高龄失能老人的照护问题刻不容缓。长期护理保险制度的出台有利于满足失能老人的照护需求，为养老行业带来新的契机。

本次研究结合 W 街道老年服务现状，设计调研问卷，对该街道所在的老年人进行抽样调查。通过调研实施，分析老年人针对长期护理保险的服务需求，了解老年人生理和心理状况、社区养老设施及服务项目、电子通信设备的使用情况、社区参与及情感支持、安居环境的需求程度，并提出相应的实质性建议，在人口老龄化背景下研究老年人的社区养老需求及养老模式的选择，为建构符合老年人需求的养老策略提供有力的数据支持。

（二）研究意义

1. 理论意义

养老问题涉及人类学、社会学、医学、心理学、家庭学等多个学科，有较强的学科交叉性，包含物质、健康、精神、家庭、环境等社会支持系统，虽具有一定的挑战性，但本研究能够在实践过程中为长期护理保险的试点和推广，以及应对社区养老具体问题提供理论支撑，最大限度地满足社区老年人的养老需求。

2. 现实意义

时任民政部副部长窦玉沛 2013 年 5 月 1 日在北京表示，到 2015 年，我国将基本建立起目标明确、体系健全、适应需要的养老服务制度体系，养老服务实现规范化发展；居家和社区养老服务基本覆盖100%的城市社区和50%以上的农村社区（陶冉，2013）。因此，将长期护理保险政策与老年人社区养老服务需求相结合，有利于缓解家庭养老负担，实现养老内外部资源对接，满足不同的养老需求，构建爱老、敬老、尊老的和谐社会氛围。本研究以政府养老政策为保障，在满足社区老年人养老需求的基础上推动长期护理保险政策的实施和发展。

二　上海老年人长期护理保险服务研究回顾

社区养老服务模式是我国城市养老服务保障的新选择，政府政策倡导"解决养老问题，提高为老服务质量"，是目前上海市重大的民生问题，也是政府实事项目的核心。以社会互助共济的方式筹集资金，对达到一定护理需求等级评估标准的长期失能人员，提供基本生活照料和与基本生活密切相关的医疗护理服务或资金保障的长期护理保险制度，于2018年1月1日起在上海市全面开展试点。年满60周岁的职工医保或居民医保参保人员，可自愿申请老年照护统一需求评估，评估等级为二至六级的失能老人，由定点护理服务机构为其提供相应的护理服务，并按规定结算护理费用。护理服务分为社区居家照护、养老机构照护、住院医疗护理三类。社区居家和养老机构照护服务清单包括基本生活照料（27项）和常用临床护理（15项）共42项服务内容，涉及老年人生活的各个方面，本研究依据"护理专业性"分为居家照护和居家护理两个大类。

上海市老龄科学研究中心2017年对上海老年人照料护理服务及养老意愿调查状况显示：越是高年龄组的人群，越是愿意在家里接受养老照护服务；社区为老服务的需求多集中在上门做家务、上门看病和助餐服务等，同时心理咨询、聊天解闷、日间照料、康复护理、健康教育等也有一定的需求量。城市老年人服务需求的类型包括：健康需求、精神文化活动需求、日常物质生活需求、精神慰藉需求、社会交往需求、获得尊重的需求、自我实现的需求等（黄艺红、刘海涌，2006）。孙晓芹（2011）选择上海市5个中等老龄化水平的区进行问卷调查，发现老年人个体因素、子女因素及社区养老服务和国家对老年人权益的保障是影响老年人养老生活满意度的最主要因素，从老年人家庭、社区养老服务、国家和社会，以及老年人四个方面提出了提升老年人生活满意度的对策。田晖、金磊（2015）在研究老年人对健康护理的需求同时兼顾对养老护理员的素质需求和薪水承担能力等方面，得出结论认为老年人对家庭养老、社区养老的健康护理需求十分强烈。赵丽宏（2007）提出解决现阶段居家老人的照料问题，必须走个人、家庭、社区、政府相结合之路，即老年人个人自助、家庭支助、社会化服务相结合，发挥老年人自身作用，积极自养，继续鼓励和支持家庭照料，进一步发展社区服务。

曹阳等（2018）等人发现，家庭对于长期护理保险需求与护理费用、家属支付能力、保险观念、护理需求和慢性病认知均存在正相关关系，并且影响显著。罗小华（2014）对失能老人长期照护问题进行了研究，回应了当前对该问题的重大理论和实践需求，为人口老龄化和养老问题的研究提供了较好的素材。因此，老年人的需求研究对开展养老服务有重要的帮助，准确掌握需求是提供精准、长效服务的前提。

从社区养老研究内容上看，学者们多从社区养老服务的服务机构、服务内容和服务方式等方面进行研究，提出现阶段养老服务设施简陋、内容缺乏创新、人员素质低等问题，指出政策残缺、资金短缺、服务体制不规范、专业人员紧缺、资源无法联结等原因阻碍养老行业发展。部分学者偏重于对老年人的社区归属感进行研究，强调社区组织的积极带动作用，强调老年居民的社区参与和社区支持会影响社区养老服务的广度和深度。

从长期护理保险制度上看，文献主要围绕失能老人长期照护的模式、失能老人长期照护的问题和对策、长期照护体系的构建和完善，以及长期照护制度的可行性进行研究。本研究在众多学者针对制度研究的基础上，以失能老人的长期照护需求为切入点进行调研，为长期护理保险的试点和推广提供需求分析，同时，结合社区养老的各个方面进行研究，探寻老年人真正需要的实质性养老模式。研究处于长期护理保险提出时间与试点推广时间，既在需求调研中起到了宣传推广的作用，又能为长期护理保险的普及打下理论基础。

三 研究概况

（一）研究设计

截至 2016 年底，W 街道老龄化程度为 35.57%，是上海市老龄化程度较高的街道之一。W 街道共有 25 个居委会，总计 60 岁及以上的户籍老人 26609 人，其中独居老人 1117 人，失能失智 99 人，70 岁以上纯老家庭 612 户。根据社区结构分类，共有 15 个老旧小区、4 个商品房小区、6 个混合型小区。W 街道有 1 家养老院、1 家护理院、5 家社区睦邻中心、1 家长者照顾之家、1 家社区学校、1 个综合助餐点。每个居委会都有 1 个标准化的老年活动室，满足老年人基本的服务需求。

最终成稿的问卷由社区养老服务及设施、通信媒介、社区内的社会组织、社区参与、社区情感和社区支持、社区环境以及老年人基本情况七部分组成，共计 38 大题 139 小题。计分方法使用国际上较为常用的李克特 5 点计分法。

（二）研究方法

W 街道共有 25 个居委会，P 小区动迁除外，实际总调研 24 个居委会。本次调研抽样方法，根据 W 街道老年人数量、分布情况等，按年龄段进行抽样，60~90 岁普通老年人（健康老人）等比抽样 2%，特殊老人（失能、失智、纯老等）等比抽样 10%；调研共计拟开展 500 份以上入户问卷调查（80 岁以上及失能、失智、纯老上门入户，80 岁以下若不方便入户则在社区内随机抽样）。

四　研究分析

（一）调查情况分析

1. 问卷发放基本情况

由 38 名经过培训的专业调查员深入社区或家庭进行发放，用时 2 周，总计下发并回收问卷 580 份，无效问卷 37 份，有效问卷总计 543 份，有效回收率 93.6%。

2. 性别及年龄段情况

男女比例为 1:2，年龄占比①合理。本次调研根据 W 街道实际年龄段比例随机抽样，在未限定性别人数的前提下，抽得男女比例约为 1:2，由于女

---

① 60~69 岁的老年人占 53.6%，70~79 岁的老年人占 23.4%，80~89 岁的老年人占 19.5%，90 岁及以上的老年人占 3.1%。

性参与社区生活的活跃度高于男性，则此随机抽样的性别比例更具有代表性。

3. 身体状况

调研对象中，身体良好人群与患病人群比例均衡。其中，51.7% 的老年人患有慢性疾病，45.3% 的老年人健康状况良好，2.9% 的老年人患有重大疾病。失能人数为 34 人；失智人数为 18 人。

4. 居住情况及家庭关系

居住环境中，公住房、商品房居多，棚户区较少，家庭关系和谐，孤寡老人较少。调研对象中，老年人住房类型为：公住房占 50.4%，商品房占 40.1%，棚户区占 5.7%，其他的占 3.8%。有配偶且一起居住的占 72.9%，已经丧偶独居的占 21.2%，未婚独居的占 2.0%，已经离异独居的占 1.7%，有配偶但分居的占 2.2%。家庭规模方面：3 人以上（含 3 人）同住的占 43.6%，绝大部分老年人与配偶、子女或其他亲属一起生活，三代以上一起生活的比例为 35%。

5. 文化程度及经济情况

按文化程度分类，调研对象中学学历占比多，其余学历段相对均衡；总体平均月收入约 3500 元。调研对象中，42.7% 的老年人学历为初中或中职，26.5% 的老年人学历为高中或高职，11.6% 的老年人学历为专科，7.7% 的老年人上过小学，6.4% 的老年人基本没有上过学，5% 的老年人学历为大学本科或研究生。月收入在 3000 ~ 5000 元的占 58.7%，月收入在 5000 元及以上的占 19.8%，月收入在 1 ~ 3000 元的占 20.2%，1.3% 的老年人没有月收入。

（二）老年人对长期护理保险服务需求的相关分析

总体需求程度偏低，年龄段差异并不明显，80 岁以上老年人较重视洁浴服务和个人基本生活护理；已接受居家照护和护理服务人员表示总体服务满意程度高。

调研对象中，已经享受居家照护和护理服务的老年人比例为 7.6% 和 6.1%。此类多为中度、重度失能失智老人或 70 岁以上的纯老家庭。其中，享受居家照护政府补贴和全自费的老年人各占一半。

调研对象中，75% 以上的老年人认为，自己的身体状况、自理能力良好，暂时并不需要居家养老服务，其余老人考虑到自己的身体健康情况和

子女的照护压力，认为有必要在能够承受的费用范围内享受此服务。身体
健康状况与居家服务需求度有很大的联系，当失能或失智老年人患病达到
一定程度，必将需要居家照护和护理服务，关于此类服务的需求程度按年
龄段划分无明显区别，因此不能得出"年龄越大越需要居家照护和居家护
理服务"的结论。图 1 和图 2 已具体罗列出 80 岁以上老年人群对居家照护
和居家护理各项服务的需求度，以此能够探寻高龄老人的居家照护和护理
服务的需求。正在享受居家照护或居家护理服务的老人中，仅有少部分对
现在享受的居家养老服务表示不满意，主要表现在费用和人员变更频率快
的问题上。

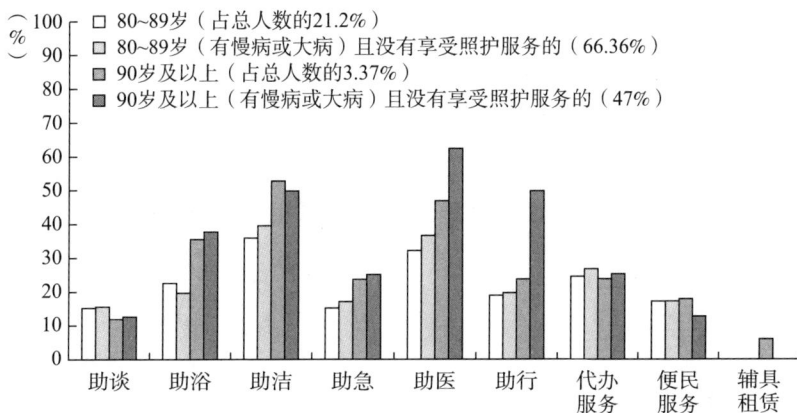

图 1　80 岁以上未享受居家照护服务老年人的具体服务需求程度

由图 1 可知，在未享受居家照护服务的老年人中，80 岁以上老年人占
总人数的 24.57%，其中 80 ~ 89 岁老年人比例为 21.2%，90 岁及以上老年
人比例为 3.37%。80 ~ 89 岁的老年人认为若享受居家照护服务，助洁、助
医和代办服务三项最为重要，此三项服务在患有慢病或大病的老年人眼中
更为重要，比例呈现上升趋势；90 岁及以上的老年人认为若享受居家照护
服务，助洁、助医、助浴三个服务项目最为重要，在患有慢病或大病的老
年人看来，助医、助洁、助行这三个服务项目最为重要，且助医和助行的
比例上升幅度大。

由图 2 可知，在未享受居家护理服务的老年人中，80 岁以上老年人占
总人数的 24.33%，其中 80 ~ 89 岁老年人比例为 21%，90 岁及以上的老年
人比例为 3.33%。80 ~ 89 岁老年人认为若享受居家护理服务，个人基本生
活护理、常用临床护理和生活自理能力的训练最为重要，此三项服务在患

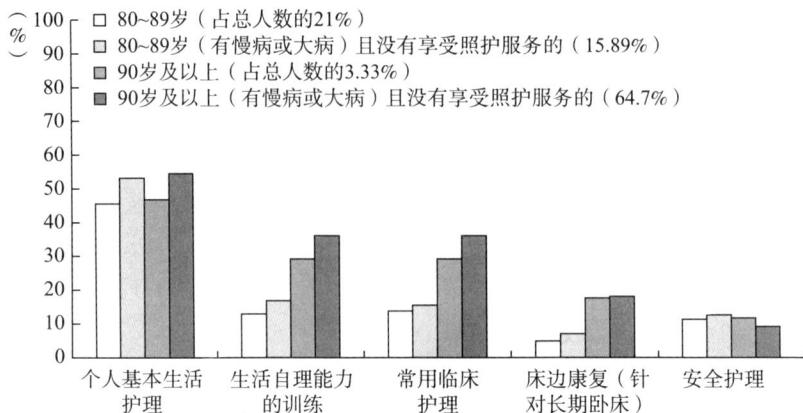

图2　80岁以上未享受居家护理服务老年人的具体服务需求程度

有慢病或大病的老年人眼中更为重要，个人基本生活护理和生活自理能力的训练两项比例呈明显上升趋势。

（三）老年人对社区养老设施及项目需求的相关分析

1. 各年龄段老年人对社区服务机构的需求状况

老年人对社区服务机构普遍需要程度偏低，且兴趣度不高。随着年龄的增长，老人们对养老院、护理院的需求程度没有很大的波动。身体健康、子女及家庭护工照料得好的老人表示不需要入住养老院或护理院。老人认为相对于养老院和护理院更容易接受入住长者照顾之家和日托中心，且年龄越大越需要这类服务。大部分60～79岁的老年人表示参加社区学校十分有乐趣。

2. 老年人对社会组织提供养老服务的经济承受能力

老年人总体经济承受能力偏低，受年龄及收入情况影响。老人们对于养老院、护理院及长者照顾之家的每月最高费用承受能力绝大多数在6000元及以下，仅有小部分老年人愿意并且能够承受每月超过6000元的服务费用。从比例上看，在日托中心，26%的老人愿意每月支付1000元以上的费用，说明随着老年人生活习惯和养老意识的改变，日托中心被老年人接受的程度已经慢慢增大，并且相较于养老院、护理院和长者照顾之家，日托中心更容易被老人接受，仿佛他们并没有脱离"家"这个群体组织。关于助餐服务费用，按年龄段区分无明显差别，92.61%的老年人认为每人30元及以下的助餐价格最为合适，7.39%的老年人认为每人30元以上的助餐价格也可以接受。

3. 老年人对社区服务具体项目的需求状况及满意程度

（1）对定期查访的需求状况

老年人对定期查访总体需要程度偏低。50.7%的老年人认为自己不需要志愿者和社区工作人员进行定期上门访问和电话慰问，他们与伴侣和子女生活在一起，生活状态很好；30.6%的老年人需要志愿者和社区工作人员进行定期上门访问和电话慰问。96%的老年人对此类服务感到满意，4%的老年人认为没有接收到此类服务。

（2）对文娱活动的需求状况

老年人对文娱活动总体需要程度高。半数以上的老年人认为社区内的文娱活动十分有趣，需要并愿意一直参加。另有34.3%的老年人由于大多有自己的业余活动圈、身体不适合参与活动或要照顾孙辈没有时间而不参与社区文娱活动；个别老年人有些自卑，认为自己没文化，看不懂听不懂而不参与活动。约5%的老年人认为社区内的文娱活动需要创新，要努力动员没有特长的老年人参与其中。

（3）对便民服务的需求状况

老年人对便民服务总体需要程度高。48%的老年人表示需要或非常需要便民服务，35%左右的老年人认为自己可以去社区附近的店里购买服务，并提出自己的要求，所以不需要便民服务。据了解，目前社区内的便民服务越来越少，有时甚至不能保证1个月两次，居民不知道便民服务的安排项目和时间。超过60%的老年人对服务内容表示满意或十分满意，少数老年人因为便民服务的时间不规律而对便民服务颇有不满。

（4）对医疗、法律知识讲座的需求状况

老年人对医疗、法律知识讲座总体需要程度偏高。总体上看，老年人并不是十分需要社区提供医疗健康知识、法律维权等讲座，大部分老年人表示通过电视、报纸就可以了解到此类知识；52%左右的老年人认为宣传讲座非常有必要。80%的老年人比较满意现在的讲座内容，另有20%认为现在的讲座内容无趣，考虑到老年人对复杂的内容不能完全理解，讲座应结合当下的热点内容，通俗明白地进行讲解。

4. 老年人了解社区养老服务的途径

老年人了解社区养老服务的途径以社区居委会宣传为主，以邻里交流为辅。老年人对社区养老服务了解的途径63.8%来自社区居委会，15.9%来自邻居，10.6%来自社区志愿者，7.7%来自新闻媒体，6%来自社区事务受理中心。

（四）现代化通信工具在社区老年人中的普及情况

电子通信化受众广，智能化养老可期待。调研对象中，72% 的老年人主要为了满足社交、获取资讯、情感衔接、游戏娱乐和购物等，会使用现代化电子通信设备，使用最多的是智能手机，其次是电脑。28% 的老年人并未使用电子通信工具。其中，大部分老年人认为网络不安全，难度大，没有必要去学习并使用；40.6% 的老年人由于生理原因（身体健康状况不好，年龄过大）无法使用电子通信设备；6.5% 的老年人由于经济压力而无法购买电子通信设备。在网络购物的老年人中，23.6% 会使用支付宝或微信进行线上支付，其他老年人认为网络支付存在较大风险，因而需要网络购物时会委托子女线上购买。

老年人经常使用的智能手机 App 中，使用微信的人数最多（306 人）。由图 3 可知：60 ~ 69 岁年龄段的老年人占 73.2%［4.4 小时/（人·天）］；70 ~ 79 岁年龄段的老年人占 21.24%［3.6 小时/（人·天）］；80 ~ 89 岁年龄段的老年人占 5.22%［2.1 小时/（人·天）］；90 岁及以上仅有一人使用微信，不具有代表性。

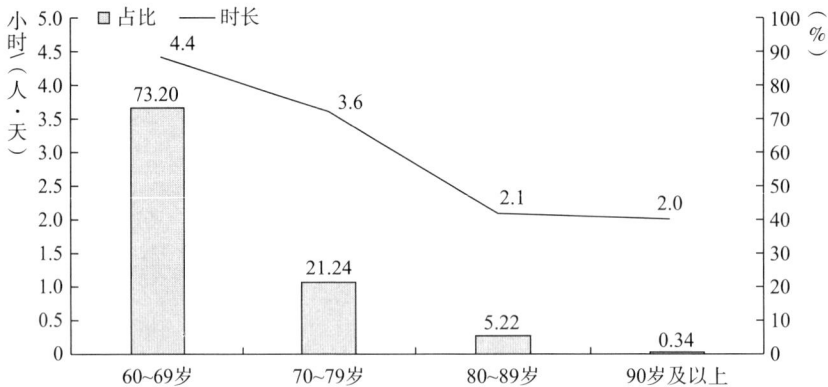

图 3 各年龄段平均每天使用智能手机时长和占比

（五）老年人的社区情感及支持情况分析

老年人对社区依赖程度高，社区敬老氛围浓厚。主要表现在以下四个方面："切实感受到自己是这个社区内的一员"，"时刻关心社区内发生的一切"，"经常与社区内的人寒暄问候"，"遇到困难时，社区内人员给予帮助"。

50.1%的老年人对此极为赞同，认为自己在社区的存在度高，社区的服务及活动均能与自己的生活有效衔接；32.4%的老年人比较赞同这个说法；仅有小部分的老年人表示社区宣传的部分内容与自己日常生活无关，故不参与。95%的老年人表示关心社区内发生的各种事情；5%的老年人认为没有必要去关心别人的事情，或是很久不出门并不知道发生了什么事情。

商品房与公住房居民总体邻里往来程度无太大区别，棚户区居民对"经常与社区内的人寒暄问候"这一说法的赞成度略高于商品房和公住房居民（约高2%）。当老年人在社区内遇到困难时，绝大多数老年人表示社区内的人员能够给予帮助，少数老年人表示不赞同，此类老年人中，失能失智且长期卧床的偏多。

社区对老年人支持程度高。当老年人在社区生活中遇到困难时，寻求社区工作人员、配偶和子女帮助的比例排在前三位，说明老年人会主动向除配偶及子女以外的人员求助，对社区工作人员存在极大的信任感和依赖感。

（六）老年人对社区环境的相关分析

住房类型需求及评估标准不同，老年人对社区安居环境的需求程度也存在差异。社区绿化方面，公住房和棚户区的居民表示社区绿化对老年人身体健康具有促进作用，特别是棚户区严重缺乏绿化面积；出行条件方面，商品房和棚户区较公住房来讲更为便利，公住房居民表示要走一定路程才能乘车；商业服务设施方面，棚户区周边的商业设施落后明显，需求程度远高于商品房和公住房；医疗服务设施方面，棚户区需求度明显高于商品房和公住房；安全治安方面，公住房的满意度远高于商品房和棚户区；安全舒适活动环境这一总体环境方面，公住房满意度最高（87.38%），商品房和棚户区在整体环境上还须完善。

五　研究发现

（一）长期护理保险推动养老服务体系发展

高龄失能老人长期照护始终是养老事业的重点问题。长期护理保险的试点和推广符合社会养老期待，能够减轻家庭照护者的负担，缓解社会养老压力。老人和养老家庭对于长期护理保险的未来需求程度偏高，保险可行性大。因长期护理保险现阶段仅在全国 15 个城市进行试点服务，对长期护理保险的宣传力度远远不够，居民对其的理解停留在"交保险"的层面，目前存在享受异地医保人群在居家照护和居家护理服务方面就医困难的问题，需要有关部门进一步讨论。

（二）社区养老服务设施和具体项目有待调整

老年人入住社区养老院易受机构数量、机构类型、服务费用、服务质量的影响，并且十分重视养老机构内部的卫生状况、空气质量和软装设施的舒适度。老年人需要菜式多样、有营养的便捷助餐服务；部分老年人需要社区探访慰问服务、便民服务及热门事件的法律讲座。

（三）电子通信设备广泛应用为智能化养老打下基础

电子产品已经成为老年人生活中密不可分的一部分，使用网络平台购买社区养老服务将成为线上服务不可逆转的趋势，但要注重宣传网络安全。

（四）社区自发性组织活动参与度高，社会支持程度高，敬老氛围浓厚

老年人总体社区活动参与度高，但参与意愿并未十分强烈。活动在满足老年人的基本活动需求的同时，最好在参与费用和服务内容上加以改进。大部分老年人对所在的社区有强烈的依赖感和归属感，邻里关系熟络，需要居委会或社区工作人员为其提供支持。

（五）社区环境未能满足不同住房类型的人群需求

由于社区及住房类型不同，老年人对社区环境各个方面的需求会有差异，但"社区绿化"和"社区治安"两项内容始终是老年人重视社区环境的关键点。

六 结论与建议

（一）结论

1. 生理健康需求

老年人的生理健康需求是基础，是丰富精神文化生活、进行社会交往、实现自我期待的首要前提。在老年人身体机能发生变化的过程中，老年人

希望首先解决自己的日常生活照料问题，无论是入住养老院/护理院，还是享受居家照护/护理服务，都要提升医护人员的服务技术和服务水平，在助浴、助洁、助医、个人基本生活护理、生活自理能力的训练等方面满足老年人的生理健康需求。同时注意服务标准需与家庭物质水平相匹配。

2. 精神文化需求

随着物质养老水平日益提高，老年人的精神需求成为必须面对的紧迫难题。在社区养老的过程中，老年人需要真实地感受社区的温暖，强调社区参与感和社区归属感，加入社区组织的多种多样的活动中，以此获得精神上的慰藉。

3. 社会交往需求

老年人通常在参与社区活动的过程中进行社交，但随着智能科技产品的普及，传统面对面和电话交流已不能满足老年人追求创新和新鲜感的社会交往需求，他们渴望看到世界的另一面，建立"紧跟时代"的社交网络。微信、QQ、淘宝等电子软件已成为大部分老年人生活中必不可少的交流平台。

4. 实现自我的需求

老年人虽然是社会的弱势群体，但是从未被社会抛弃，老年人也有实现自我的能力，并需要得到他人的认可。老年人需要社会为其构建强大的支持网络以实现自我的需求。

（二）建议

1. 应用操作性建议

第一，加大长期护理保险宣传力度，提高老年人认知水平。居民对长期护理保险的功能和内容缺乏了解，目前还未能对长期护理保险达成养老供需的共识。老年人针对长期护理保险的观念和对慢性疾病的认知状况逐步发生改变，政府应该发挥宣传职能，增进居民对长期护理保险的了解，从而提高参保率，促进长期护理保险制度的稳定发展。

第二，在养老设施及服务项目上，整修监测养老设施，重视特殊老年群体需求，创新服务内容。完善养老机构设施，在卫生环境、软装家居方面多考虑老年人身体状况，定期对养老机构的服务设施进行测评打分，完善监督。力求保障平均收入和低收入老年群体的养老服务需求。在改进和维持现有受欢迎的服务项目的同时，注重行动不方便的老年人参与服务的需求。社区应增加便民服务和医疗健康、法律知识讲座的次数。

第三，在电子设备通信媒介上，成立同辈学习小组，防范电子支付风险。帮助老年人与网络时代对接，建立电子通信设备学习班，采用同辈互助的方法教导，鼓励和支持老年人学习电子科技。大力宣传电子防骗知识，提高老年人的电子安全意识，减轻老年人对电子支付平台的抵触心理，为未来网络支付养老服务打基础。

第四，在社区参与上，改进组织内容，加强社区动员。建立社区活动公示板，避免大部分老年人不知道社区活动及活动时间。适当调整居委会、老年协会及文娱活动的费用和服务内容，引进社会机构和非营利组织新颖的活动方式及内容，保持社区活动的新鲜感。

第五，在社区情感及社区支持上，居委会宣传、联动，确保资源有效联结。针对入住社区时间短（5 年以内）的老年群体，居委会应积极宣传社区文化及活动，提升居民的总体知晓程度。提高居委会的联动能力，对不同文化层次、居住状况、身体状况的老年人联结不同的资源。

第六，在安居环境上，改善社区环境，增强安全防护。加强改善公住房社区及棚户区卫生环境，适当扩大小区内的绿化范围。社区应限制外来人员的出入，增加实名登记和晚间巡逻。

2. 保障推动性建议

第一，探索长期护理保险政策，推广居家养老服务。政府通过搭建平台、购买服务等方式加强养老服务信息化平台建设，推广"互联网 + 居家和社区养老"模式。针对长期护理保险和居家养老服务，深入调查研究，明确对象服务需求，宣传居家养老服务的重要性。

第二，完善养老保障体系，保障老年人权益。积极探索"医养融合"新途径，注重解决民办养老机构与医疗保险相衔接问题和享受异地医疗保险的户籍老人就医难的问题。进一步完善基本养老保险、基本医疗保险、最低生活保障等制度，健全兼顾各类老年群体的社会保障待遇确定机制和正常增长机制。依法保障社区老年人的社会赡养权利，呼吁老年人积极参与法律维权。

第三，整合社区资源，建构社会支持。街道应广泛动员老年人参与社区事务和社区活动，强化社区居民素质教育功能；组织开展邻里互助志愿服务活动，增进社区团结与社区支持；开展多样的文娱活动，吸引和带动居民参与其中。同时，街道需将社区与社区之间的资源相互联结，为老年人构建实质性的资源平台。

第四，加强人才扶持和培养力度。着力优化社区人才队伍结构，不断吸纳高素质的社区工作者，逐步实现队伍的职业化、素质化、专业化。社区应当将公开招聘"外引"人才和教育培训"内造"人才相结合，建立优胜劣汰的竞争机制。建设与志愿者相结合的服务队伍，努力造就一支专业医者、兼职人员和志愿者相结合的居家养老服务队伍。

参考文献

曹阳、陈洁、连慧莹、柳鹏程，2018，《我国长期照护保险需求影响因素分析——基于江苏省的实证研究》，《中国卫生政策研究》第 11 期。

黄艺红、刘海涌，2006，《城市老年人服务需求的实证研究》，《北华大学学报》（社会科学版）第 2 期。

李学斌，2008，《我国社区养老服务研究综述》，《宁夏社会科学》第 1 期。

罗小华，2014，《我国城市失能老人长期照护问题研究》，硕士学位论文，西南财经大学。

师贞茹，2014，《我国城市社区老年综合服务问题研究——基于西安市社区老年服务需求的调查》，硕士学位论文，陕西师范大学。

孙晓芹，2011，《上海城市老年人养老生活满意度及其影响因素研究》，硕士学位论文，上海工程技术大学。

覃丹，2015，《城市老年人养老需求及养老模式选择研究——以湖南省 C 市为例》，硕士学位论文，华中师范大学。

陶冉，2013，《城市社区养老需求及服务供给研究——以济南市为例》，硕士学位论文，山东财经大学。

田晖、金磊，2015，《上海市城市居家老年人对养老护理服务的需求初探——以上海市浦东新区洋泾社区为例》，《现代职业教育》第 27 期。

都市社会工作研究　第6辑

第16～28页

© SSAP, 2019

"健康中国"背景下儿童友好型医院的初步探索

——以上海市儿童医院为例

钮　骏　李艳红　余　婷[*]

摘　要　目前全世界共有400多个儿童友好型城市，中国一个都没有。中国目前还处在构建儿童友好型城市的初期阶段。而打造儿童友好型医院是构建儿童友好型城市的基础，也是儿童友好型城市的重要保障。上海市儿童医院至今已有80年历史，2012年上海市儿童医院提出了建设"智慧医院、人文医院、精品医院"的服务愿景，人文关怀正式作为医院发展的重要工作。近年来在紧紧围绕"健康中国"的政策要求下，医院致力于从医院环境建设到诊疗服务以及诊疗外的人文服务，全方面地探索儿童友好型医院的标准和路径。

关键词　全人健康　儿童友好型　儿童医院

联合国儿童基金会前执行主任 Carol Bellamy 说过："儿童不仅是研究人员的未来，也是研究人员的现在，是时候认真倾听他们的需求了。"2011年，国务院颁布了《中国儿童发展纲要（2011—2020年）》，从儿童健康、

---

[*]　钮骏，上海市儿童医院宣传文明办主任兼社会工作部主任，社会工作师，研究方向为医院文化建设、志愿者管理、医务社会工作；李艳红，上海市儿童医院社会工作部，社会工作硕士，助理社工师，研究方向为医务社会工作；余婷，上海市儿童医院社会工作部，社会工作硕士，助理社工师，研究方向为医务社会工作。

教育、法律保护和环境四个领域提出了儿童发展的主要目标和策略措施。此后，儿童的健康成长成为整个社会关注的重点，其生存、保护和发展取得了历史性的进步。在我国，儿童友好型城市作为 21 世纪城市建设的新理念，在深圳、长沙、南京、杭州、郑州等城市近年已开展相关探索实践。而学校、医院、社区、图书馆等场地是儿童友好型城市建设的重点。上海市儿童医院是一所三级甲等综合性专科儿童医院，至今已有 80 年历史，在行业内拥有较好的医疗资源和雄厚的专业背景。2017 年，上海市儿童医院门急诊量达 247 万人次，出入院患儿 4.4 万人次，如何让儿童得到更好的医疗服务也是上海市儿童医院发展的重中之重。从营造儿童友好型医院环境、提供儿童友好医疗服务以及医疗以外的人文关怀方面积极探索儿童友好型医院建设。

一 "健康中国"背景和儿童友好型医院建设

（一）"健康中国"战略对提升儿童健康提出了新要求

儿童是未来的劳动力主力，决定着整个国家的未来竞争力。而当下社会儿童的健康问题不容乐观，各类疾病威胁着儿童的身体发育，各类社会问题影响儿童的心理健康，自闭症、抑郁症等心理疾病在儿童身上的发生率越来越高，同时各类儿童意外伤害事故频发，刺痛着成人的神经。城市发展的过程中，受经济利益的驱动，把追求最大的经济效益作为最终目标，最大限度地利用城市空间、土地和各种资源，以牺牲未来人类的利益为代价。在这种情况下，儿童的利益和诉求最容易受到忽视和伤害。为积极应对我国主要健康问题和挑战，推动卫生事业全面协调可持续发展，2016 年中共中央、国务院发布了《"健康中国 2030"规划纲要》，提出"全民健康是建设健康中国的根本目的。立足全人群和全生命周期两个着力点，提供公平可及、系统连续的健康服务，实现更高水平的全民健康"。"健康中国"已经成为党中央和各级政府为人民提供全方位、全周期健康服务的理念。而且《"健康中国 2030"规划纲要》明确指出要突出解决好妇女、儿童、老年人、残疾人、低收入人群等重点人群的健康问题。儿童健康问题已经成为新时期社会的重要问题，而医院作为保障儿童健康的重要阵地，自然需要承担更多的责任。

（二） 医院是保障儿童健康的重要阵地

目前我国的儿童人口已有近 3 亿人，而且还在不断快速增长中。影响儿童健康的因素非常多，虽然婴儿、5 岁以下儿童的死亡率从 2000 年的 32.2‰、39.7‰下降到 13.1‰、16.4‰，但是每一个儿童的健康都深深影响各个家庭的幸福。医院作为儿童健康保障的最后一道防线，更应切实承担起对儿童的生命健康的尊重和保障。在儿童专科医院中，因为服务对象是儿童，整体低龄、体质较为脆弱、病情种类繁多、病情变化速度快、死亡率高等多种原因，对于儿童专科医院以及设有儿科的综合性医院来说，对科室、医院以及医生的要求都非常高。这种要求不仅仅体现在诊疗过程中，更体现在医院就诊的方方面面。疾病不仅给儿童带来生理的疼痛，还会给儿童带来更多的心理伤害。医院作为儿童健康保障的最后一道防线，更应该以儿童为本，从儿童的需求出发提供人性化的医疗服务和更多的人文关怀，打造儿童友好型医院。

二 有关儿童友好型医院的研究综述

（一） 儿童友好及儿童友好型医院的概念

儿童友好 （Child-friendly） 这一概念是 1960 年在心理学、教育学领域提出来的，后来列入了 1989 年的《儿童权利公约》的内容中。1996 年在联合国于伊斯坦布尔召开的第二届人类住区大会上提出，儿童友好型城市就是所有人的友好城市。会议通过了《国际儿童友好城市方案》（Child Friendly City Initiative，CFCI），以此向全世界宣布，只有以儿童的保障和福祉为最基本的目标、最终极的指标，城市才可能成为人类健康平安的栖息地、文明和谐的社会和有序运行的系统。查特吉 （Chatterjee） 整合了不同的说法和解释，提出了儿童友好的概念，认为儿童友好指的是儿童生活在一个健康舒适的、受保护和关心的、不受歧视的社会环境中，并且被忽视时有权利追求。儿童友好应该是在儿童基本权利得到保障的前提下，对儿童人格和社会地位的尊重，重视对儿童人本的关怀，提供有利于儿童身心发展的空间环境，释放 "儿童天性" （丁宇，2009）。但目前国内学者对于儿童友好型医院的研究还很少，并没有一个准确的释义和标准。目前关于儿童友好型医院的研究主要集中在医院场域的建筑设计方面，较少探讨诊疗服务中以及诊疗外的儿童友好服务。

（二）国内关于儿童友好型医院的研究综述

根据现有文献，目前对于儿童友好型城市的研究，主要是从儿童友好型城市的标准来分析，从中总结出建设儿童友好型城市的策略与建议。儿童友好型城市建设侧重通过提高活动空间的可达性、安全性、趣味性，优化社会关系网络和儿童社会参与及权利保障等多方面，增加儿童在公共空间的体育活动与交往（任泳东、吴晓莉，2017）。也有作者从社区出发来探索建设儿童友好社区的策略与思路，指出社区公共空间的规划设计要重视儿童使用者的心理需求和环境行为。儿童友好型住区公共空间是为了给儿童创造舒适、安全的活动空间，有益儿童身心健康发展（钟燕芬，2017）。在医院方面，现有的文献主要从儿童的生理、心理特点出发研究医院场域内的空间设计，从医院的建设设计方面为儿童提供友好环境。但关于儿童友好型医院的研究非常少，研究的侧重点较为单一，没有从诊疗服务以及医疗服务以外为就诊的患儿提供儿童友好型服务的相关研究成果。

三 儿童友好型医院的初步探索——以上海市儿童医院为例

上海市儿童医院是中国第一家儿童医院，建院初始就奉行"人文、公益、慈善"的宗旨。21世纪后，厚积薄发的上海市儿童医院迎来了新一波的发展高峰，接诊和治愈患儿的数量始终稳居上海市第一位。目前上海市儿童医院拥有一批重点学科，是一所集医疗、教学、科研、保健、康复于一体的三级甲等综合性专科儿童医院。在与时俱进的发展过程中，上海市儿童医院为打造儿童友好型医院进行了不懈努力。

（一）营造儿童友好型医院环境

儿童在舒适的公共空间环境中活动，能够产生更为强烈的安全感、亲切感，能够自由自在地释放本性。从儿童的角度考虑公共空间的设计，能够进一步提高空间环境采光、湿度等硬件指标的设计标准。友好型的公共空间能够满足儿童的健康成长需求，有利于儿童各方面的发展。

1. 符合儿童心理的空间装饰

儿童医院的新院区于2014年6月开始全面运营，以"为儿童服务就是幸福"为宗旨,将儿童友好的观念贯穿于环境营造中。首先,空间装饰营造出温馨舒适之感,拉近了医院与患儿之间的距离,有效地缓解了儿童就诊时的恐惧心理以及家长们的焦虑情绪。例如,输液大厅以及病房内以淡橙色灯光取代了常用的白色灯光;墙壁上有儿童喜爱的卡通动物图案和绿树、小鸟等自然界的造型;病区地面同样以卡通形象进行装饰,并以动物特有的脚印引导患儿抵达不同楼层。通过多元色彩表达、生动卡通形象、装饰用材变化、构筑造型变换、儿童游戏空间引入等,舒缓医疗特有环境对患儿、家长造成的心理压力,缓解家长焦虑和儿童紧张恐惧的感受。

2. 符合儿童生理特征的"一米世界"

新院的公共空间以及公共设施的设计体现了"一米世界"的理念,即以儿童的视角来设计、设置儿童专用设施。所有的卡通形象从儿童的视觉识别高度保持在离地 90~150 厘米,便于儿童观察充分识别导视信息。而且专门设计制作了"儿童画展示墙",把爱心志愿者的卡通主题画与患儿及社会爱心儿童的画作相结合,进行设计制作,让患儿产生更多的亲近感,从而削弱患儿对医院的恐惧心理。另外,卫生间内设置有专门的儿童尺寸的座卫、洗手池、安全扶手等,都体现着儿童的视角。

3. 儿童游乐场所

医院在门诊大厅、院内庭院都设置了儿童欢乐角,配以儿童类的游戏设施,在确保安全的前提下为前来门诊就医的儿童提供游乐场所。另外,对于长期住院的患儿来说,医院设置有儿童活动室,有迪士尼小屋、海洋公园主题小屋、张杰音乐教室。这些活动室的开放,一方面可刺激感官,提供机会让孩子探索和拥有创造性思维,并从中学到或培养手眼协调能力、解决问题的能力以及社交技能等;另一方面可以缓解长期住院儿童身体不适、心理和生理双重的负面情绪,进行正常社交活动,提升患儿自信心,避免自卑心理的产生,达到积极配合医生治疗的目的。

4. 儿童安全的装饰材料和空间布置

儿童医院还有很多细节亦体现出医院人性化的理念,例如所有的桌椅均有圆形弧度,门诊室门锁均无锁舌等,以避免儿童在院内产生不必要的磕撞损伤(徐梦颖,2017)。在装饰材料和家具材质的选择上,以绿色、环保、无伤害为首选,木质家具均为 E0 级防火板材。在 PICU、NICU、新生儿病房,鉴于家长无法陪护,医院设置了视频探视系统和探视走廊。借助视频探视系统,家长能"近距离"了解患儿的现状;借助探视走廊,家长能更真切地看到患儿。医院在功能结构、空间布局及组织形式等方面的科学发展模式,尽可能实现适合儿童特殊心理状况的医疗环境,在满足儿童特殊功能需要的同时,也能够充分适应儿童医疗事业的发展要求。

(二) 提供高质量儿童友好的医疗服务

随着生活水平的提高、生存环境的改变、医疗技术的介入,儿童疾病谱每隔 20 年左右会发生较为明显的变化。近年来,由于卫生管理和计划免疫的改进,小儿急性传染病和肠胃病的发病比例明显减少,而呼吸道感染、先天畸形、心脏病、血液病、恶性肿瘤、急性中毒、意外事故却跃居前位,就医需求日益增强。作为儿童友好型医院,最重要的就是要提供高质量、有温度的医疗服务。

1. 打造兼具多种功能的综合性儿科医疗服务基地

上海市儿童医院作为一家三级甲等综合性专科儿童医院,医院学科齐全,近年来除了承担了国家 "863" 和 "973" 重点攻关项目、国家重大专项课题项目、国家自然科学基金项目、教育部及上海市科委基金项目、上海市卫生局及申康医院发展中心科研项目以及国际合作科研项目等的研究工作,还在其他许多方面走在全国儿科医疗的前列,包括成立儿科医疗联合体和长三角联盟。"儿联体" 是以上海交通大学附属儿童医院为核心,联合静安区、普陀区、嘉定区、长宁区四区卫计委,携手四区所辖 16 家区属医疗机构组建而成的,是本市首个多区协作、统筹运行的儿科医疗联合体。"儿联体" 将更好地为儿童提供安全、有效、价廉、全程、连续的医疗服务。与此同时,由上海市儿童医院、浙江大学医学院附属儿童医院、南京医科大学附属儿童医院和安徽省儿童医院牵头建立的 "长江三角洲地区儿童医疗联盟",集中长江三角洲地区儿童专科医院的优势资源,致力于整个区域儿科医疗服务多层次的协同发展。

2. 提供有温度的诊疗服务

上海市儿童医院不仅有完善的医疗设备和高超的医疗技术,而且为患儿及家庭提供社会工作服务,让儿童医疗过程增添更多的温度。

(1) 设置家暴患儿筛查项目

儿童受到家庭暴力的报道已是屡见不鲜,在儿童受到严重的身体层面的家庭暴力时,一部分施暴人会选择把患儿送往医院医治。一旦进入医院接受健康治疗,有经验的医生善于及时发现非正常的身体创伤。为及时、有效、依法妥善处置遭受或者疑似遭受家庭暴力的前来医院治疗的患儿，保护患儿的人身安全，依据中华人民共和国第十二届全国人民代表大会常务委员会第十八次会议通过的《中华人民共和国反家庭暴力法》（2016年3月起施行），上海市儿童医院社工部结合本院实际情况建立疑似家暴患儿来院就诊处置制度。科室医生与医务社工通力合作，社工部本着"生命第一"原则实施救助程序：如果医生怀疑患儿遭受家暴则会第一时间上报社工部，社工会及时跟进患儿治疗情况，收集患儿相关个人资料，根据严重程度提供相应个案介入服务，并且会第一时间通知医院驻警了解情况，进行登记备案。整个服务流程如图1所示，这样的服务提供在一定程度上保障了儿童的权益和安全。

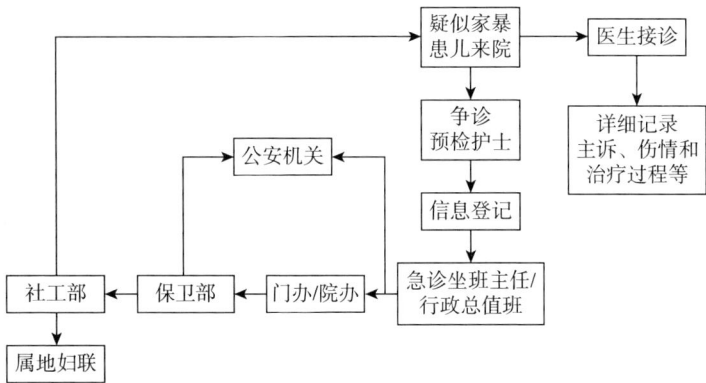

图1 疑似家暴患儿来院就诊处置流程

（2）成立家长互助俱乐部

基于社会互助理论，各个科室建立了家长互助俱乐部。它把患有相同病种的患儿家长组织起来，针对性地开展健康教育工作及家长心理支持体系建设服务，不仅提高家庭对疾病防治知识的科学认知，学习相应的疾病护理知识，也在患儿治疗过程中，从团队中寻找到支持和帮助，坚定患儿治疗的信心，减少患儿家长在患儿治疗过程中产生的焦虑、抑郁等不良的负性情绪，为患儿的健康治疗做好充分和积极的准备。在社工部的组织下，医院的不同科室建立了阳光爱心白血病患儿家长俱乐部、糖尿病患儿健康俱乐部、"葫芦娃"——神经外科患儿家长俱乐部、小苹果俱乐部——Alport综合征、儿童哮喘夏令营、爱"心"乐园——先心患儿、儿肾家园——肾病患儿等家长病友俱乐部，等等。社工和科室牵头，定期组织患儿和家长开展健康知识科普及适宜的户外活动，让家长获取健康护理知识，也让患儿获得与户外接触和同龄互动的机会。

3. 关注大重病患儿和困难儿童

（1）提供医疗慈善救治

上海市儿童医院前身是 1937 年成立的"上海难童医院"，免费收治贫病难童，帮助患病儿童及家长，这是医院的文化传统，也表明上海市儿童医院在成立之初就携带着慈善的基因。近 5 年来，医院为使贫病患儿接受更好的治疗，共筹得善款 3000 余万元，帮助 2130 余名患儿完成医疗救治，这个数字每年还在以 30% 的速度增长。医院也积极通过实地了解，收集患儿及家长的就医需求，建立基金会，帮助患儿及时得到治疗。目前医院已自建或与基金会共建 32 个慈善资助项目，覆盖了先天性心脏病、脑瘫、肿瘤、唇腭裂等近 40 个病种，让更多因经济原因而无法得到妥善治疗的患儿尽可能得到急需的治疗。

（2）为白血病患儿捐发活动

白血病、脑瘫、肿瘤等重大疾病，让患儿不仅要面对生理上的病痛，还要忍受心理上的折磨。由于放化疗的后遗症，这些孩子必须接受脱发难堪的现实最终变成光头，他们渴望自己能像普通人一样，有个发型，至少是整洁干净的发型。因此，上海市儿童医院、上海美发美容行业协会、华师大四附中共同发起了"爱从'头'开始——为白血病患儿捐发公益行动"。号召社会各界爱心人士，捐献自己的长发为孩子们打造一款专属自己的新"发型"。与此同时，打造了沪上首个爱心捐发地图，在上海市 9 个区域，设置了 25 家爱心捐发点募集头发。前期已为 15 名患儿添置了真人头发制成的假发套，受到了患儿及其家长的高度欢迎。

（3）患儿及其家庭临终关怀

医院的血液肿瘤科以收治白血病、淋巴瘤等恶性肿瘤的患儿为主，临终关怀的故事也在这里发生着。对已无治愈希望的患儿和家庭成员提供积极整体的照顾，让患儿和家庭成员，尤其是父母在患儿的最后人生旅途中，生命质量和生活质量都得到保障，减缓病痛给患儿和家庭所带来的痛苦，使儿和家庭成员都能在一定程度上获得精神上的支持和慰藉。这是儿童临终关怀的价值所在，也是儿童临终关怀的目的所在。对患有恶性肿瘤的婴幼儿家庭进行临终关怀服务，重点在对家庭成员的服务。在医护团队告知患儿父母在现有医疗技术条件下，继续治疗没有意义时，临终关怀服务随之开始。社工和主治医生一起向家长澄清事实，以及过度治疗和结束治疗给患儿可能带来的身体、生理上的变化和影响，向患儿家长一一解释说明。结合患儿家庭实际，鼓励和支持家长及时、主动与其他家庭成员沟通，协助家人在综合考量的同时，做出对患儿及家庭最好的选择。

（4）打造上海首个母乳库

母乳喂养对健康儿童的生长发育有重要作用，对于患病儿童，特别是极低体重婴儿、患有消化系统疾病的婴儿，母乳不仅能提供生长所需的营养，还具有一定的治疗作用。有研究显示，母乳喂养可以有效促进早产儿肠道成熟与发育，提供理想的肠内营养，尽快达到全消化道喂养，减少静脉营养，并明显降低早产儿坏死性小肠结肠炎、感染性疾病，以及生命后期心血管疾病等的发生概率。从严格意义上说，由于宝宝食用其他妈妈的母乳存在一定风险，因此建立专业的母乳库后，医生会对捐献的母乳进行消毒，检测母乳的成分，按照严格的要求储存，才能保证母乳的安全和营养。2016 年 6 月 5 日，上海市儿童医院正式启用沪上第一个母乳库。现今母乳库日均出库乳量 2000～3000 毫升，最高值为 4500 毫升。成立 8 个月来平均每天可支持喂养院内约 13 名早产儿，免费支持了共计 3120 人次新生儿喂养。

（三）尊重患儿娱乐和受教育权

"为儿童服务就是幸福" 是上海市儿童医院的服务宗旨。医院社工部通过链接社会资源，发挥专业志愿者的专业能力，让患病儿童与同龄患儿一样，享有接受学校教育、学习知识和课业辅导的机会，有发展兴趣爱好、娱乐放松的机会，以及与同龄小伙伴一起交流互动的机会等，这些种种的举措都是为了让患儿康复后能快速地融入同龄群体中，能在治疗后融入正常的学习和生活中。

1. 彩虹湾病房学校

社工部通过对院区周边教育资源的整合和联系，2015 年合作建立 "彩虹湾病房学校"。社工部进行项目设计，各爱心学校进行具体的学习服务提供，同时华师大四附中作为长风教育生态共同体的牵头单位，也积极号召共同体内的其他 11 家学校一起参与进来，根据患儿实际学业服务需求，设置有针对性的学习课程，构建 "4 + X" 课程体系，包括 "中文阅读"、"思维训练"、"英文阅读" 和 "科艺 DIY" 四门课程。目前病房学校已经开展了 3 个学期，共有 300 人次的老师来院，共进行了 67 堂课，取得了良好的教学效果。专业老师发挥教师特长，给学龄期治疗的患儿提供学业指导，也使家长感到欣慰和放心。

2. 糯米老师绘画课堂

社工发现，长期入院的学龄儿童多数都渴望通过学习行为来获得成就感，期望能通过情感的外在表现得到关注，绘画就是这样一个直观有效的方式。患儿画画的时候能够获得成就感，绘画中明亮的色彩也让患儿感受到轻松活泼的气氛，保持愉悦快乐的心情，这有利于患儿接下来的用药和治疗。基于此，医院社工部邀请专业绘画志愿者糯米老师加入爱心服务队，设立了"糯米老师绘画课堂"。每个周末糯米老师都会在医院阳光小屋里为患儿授课，同时她也发动身边的同事和朋友参与绘画课堂，让更多的患儿可以学习绘画，学习沟通，提高学习能力和适应能力。

3. "学习伴我行"患儿成长支持小组活动

学龄期慢性病患儿在住院期间多以玩电子设备打发空闲时间，因此社工部通过开展小组活动，对影响学龄期慢性病患儿外部学习动机中的同辈竞争、社会支持两个因素予以干预，从而增强学龄期慢性病患儿的学习动机，丰富患儿的住院生活，在一定程度上满足患儿在医院内继续学习的愿望和需求，为患儿顺利出院回归学校和社会做好准备，协助患儿顺利进行社会化。

（四）充分发挥儿童健康教育宣传阵地作用

1. 家长学校

"排队三小时，就诊三分钟"的情况在各家医院都是一个难题。儿童医院创办"家长学校"公益科普项目，旨在把家长的众多疑问解决在就诊前，有效减少就诊时的需求。"家长学校"秉持公益科普的初衷，依托医院优质专家资源和互联网医疗服务平台，通过调查征询家长关注最多的话题，同时结合国际国内健康日、季节性疾病健康宣教的要求，设置线下课程，并重点以跨专业、成系列的方式，邀请各科室专家和优秀青年医生，开展疾病防治和科学育儿的知识和技能科普，为家长提供专业指导。家长学校自开办以来已累计完成206场活动，惠及两万多个家庭。

2. 妈咪宝贝帮

母亲角色是女性从妊娠到分娩过程中经历并获得的重要人生角色。调查表明，20%的国内外新手妈妈存在角色适应不良的现象，而良好的母亲角色适应对于女性自身、孩子健康、父母教养行为以及整个家庭的健康发展具有非常重要的影响，其中提供良好的社会支持和育儿知识是促进新手妈妈角色适应的重要影响因素。

鉴于此，由上海市儿童医院、上海市普陀区妇婴保健院、上海师范大学社会工作硕士教育中心、华东师范大学社会发展学院社会工作系和上海大学社会工作系联合打造了"妈咪宝贝帮"项目，从家庭、医院、社会等方面给予家长全方位的支持。率先探索妇儿类大健康综合教育的新模式，开展从备孕、孕中，以及宝贝 0 ~ 12 月、1 ~ 3 岁、3 ~ 6 岁多阶段健康支持服务。以医务社工小组工作模式为载体，以育儿健康教育为核心，引入社工专业、心理专业等非医疗资源，通过系列讲座传授育儿知识，缓解新手妈妈的焦虑，引导新手妈妈树立科学的孕育观和育儿观。

四　总结与反思

（一）儿童友好型医院的基本特征

在医院建设中以儿童的视角规划和建设医院，尊重和满足他们的权利与需求，保障他们安全就医的物质环境和人文环境。儿童友好型医院不等同于"儿童游乐场"等概念，而是从整个医院的建设体现对儿童的关怀，满足儿童自身的利益。从儿童医院的儿童友好服务来看，可以总结为以下几个方面的特征（见表 1）。

表 1　儿童友好型医院的特征

1	所有儿童都能便捷地获得高质量的医疗服务
2	医院在公共资源分配、政策制定、日常管理中，始终坚持贯彻儿童权益优先原则
3	兼具儿科临床医疗服务、儿科医学教学、儿科护理教学、儿科临床医学研究、儿科基础研究、儿童保健等多种功能的综合性儿科医疗服务基地
4	为所有就医的儿童创造安全的环境和空间条件，在这些环境中他们能够安全地就医、适当地娱乐并且享有表达的机会
5	给予弱势患儿群体更多的关爱，比如大重病患儿、家庭困难的儿童
6	消除因为性别、信仰、社会和经济差异造成的就医歧视

（二）儿童友好型医院建设方面还需要不断探索

目前全世界共有 400 多个儿童友好型城市，然而中国一个都没有。中国目前还处在构建儿童友好型城市的初期阶段。而打造儿童友好型医院是构建儿童友好型城市的基础。虽然近年来我国儿童医院的短缺状况得到一定的改善，但面对如此庞大的儿童群体还是显得甚是微不足道。因此社会应不断地去鼓励积极改建扩建更多的儿童医院、社区医院，这是适应现代的发展水平、符合市场供求变化的过程。在儿童医院的建设和运营中需要充分考虑到儿童群体的特殊性。在医院的环境设计、诊疗服务以及诊疗外的健康服务中要充分从儿童角度出发，才会使更多的儿童得到社会的关爱，为他们的成长保驾护航。上海市儿童医院也处在儿童友好型医院的探索中，在提升医院整体医疗服务水平，尊重儿童权益，保障患儿身心健康方面还需要不断努力探索。

（三）充分发挥医务社工的引领作用

作为上海市三级甲等综合性专科儿童医院，上海市儿童医院每天都要接诊来自全国各地的患儿家庭，对于长期治疗的外地患儿也会有针对性地进行电话跟踪、科室查看回访服务，确保患儿及其家庭成员拥有最佳生活质量，逐渐实现"不同病区，不同病种，不断病期患儿和家庭"的关怀服务。社工服务中坚持的"案主本位"的服务理念与儿童友好型医院的"儿童为本"的服务理念一致。在社工部长期的服务中，深入贯穿了人文服务理念，不仅让患儿感受到了人文关怀，也让医护人员感受到了人文关怀，将人文关怀理念深入他们的工作中。医务社工充分利用专业优势，整合社会资源，协助医院的慈善和志愿服务，打造更多儿童友好品牌服务项目，在构建儿童友好型医院中进一步发挥引领作用。

参考文献

丁宇，2009，《儿童空间利益与城市规划基本价值研究》，《城市规划学刊》第 7 期。

关达宇、赵之枫，2017，《儿童友好开放空间：莫斯科与北京的比较》，《中外建筑》第 4 期。

韩雪原、陈可石，2016，《儿童友好型城市研究——以美国波特兰珍珠区为例》，《城市发展研究》第 9 期。

侯彦婷、王心玥，2018，《新加坡的社区友好型医院——创造一种社区与医院共享的公
　　共空间》，《城市建筑》第 14 期。

江婉玉，2014，《基于儿童心理学的儿童医院内部空间研究》，硕士学位论文，东北林业
　　大学。

李维维、宓轶群、刚嘉鸿、葛亮，2015，《某三甲医院开展门诊"老年友好型"服务的
　　实证研究》，《中国医院》第 12 期。

李志鹏，2013，《儿童友好城市空间研究》，《住区》第 5 期。

梁巍，2018，《让城市回归儿童——儿童友好型城市政策框架及其中国探索》，《少年儿
　　童研究》第 4 期。

林瑛、周栋，2014，《儿童友好型城市开放空间规划与设计——国外儿童友好型城市开
　　放空间的启示》，《现代城市研究》第 11 期。

栾恺，2018，《基于儿童心理的儿童医疗空间适应性研究》，硕士学位论文，河北工程
　　大学。

潘慧娴，2018，《荷兰老年友好型医院认证对我国的启示》，《卫生经济研究》第 1 期。

任泳东、吴晓莉，2017，《儿童友好视角下建设健康城市的策略性建议》，《健康城市》
　　第 3 期。

孙颖颖、高文杰，2017，《如何创建儿童友好型城市》，《持续发展 理性规划——2017 中
　　国城市规划年会论文集（11 城市总体规划）》。

王艳艳，2018，《基于儿童友好型城市的公共设施创新服务系统设计研究》，《工业设计》
　　第 3 期。

徐晗，2017，《人性化视角下的医疗建筑室内空间设计——以苏州大学儿童附属医院为
　　例》，硕士学位论文，鲁迅美术学院。

徐梦颖，2017，《国内外儿童医院公共艺术研究》，《公共艺术》第 5 期。

杨佳泓、赵蓉、杨丽、郑培永、何萍、唐礼榕，2016，《上海申康医院发展中心推动市
　　级公立医院持续改善医疗服务的做法》，《中国医院》第 1 期。

姚舜禹，2017，《基于行为心理的儿童医院候诊空间设计研究》，硕士学位论文，苏州科
　　技大学。

张洁林，2015，《基于"照顾单元"理念构建老年友好型社会的规划策略研究》，硕士学
　　位论文，华南理工大学。

郑敏，2010，《儿童医院门诊部医疗环境"人性化"设计方法研究——以山西省儿童医
　　院、省妇幼保健院（漪汾院）建设项目为例》，硕士学位论文，太原理工大学。

钟燕芬，2017，《儿童友好型住区公共空间研究——以广州市金沙洲星汇金沙小区为
　　例》，硕士学位论文，华南理工大学。

都市社会工作研究　第 6 辑
第 29~59 页
© SSAP, 2019

赋权视角下的精神障碍患者职业康复困境研究

——兼论社会工作介入精神障碍患者康复的可能性

胡思远　杨　锃*

摘　要　目前，我国援助精神障碍康复者回归社会和恢复就业的各类项目越来越丰富和完善。但与此同时，康复项目内的精神障碍康复者比不参与项目的康复者回归社会和恢复就业更困难的问题凸显。本文通过详细考察不同类型的职业康复个案，深入分析精神障碍康复者在实际的康复项目中是如何因不当的项目安排，导致无权状态进一步固化进而缺乏就业的关键能力，最终无法真正回归社会和恢复就业，从而滞留在康复项目中的。为突破前人对于职业康复项目的运行过程研究，本文对于职业康复项目对精神障碍康复者的负面作用进行了深入研究，并提出造成前述吊诡现象的原因是康复项目提供的服务不当，造成项目内的精神障碍康复者关键就业能力缺失和失去对自我生活的掌控。

关键词　精神障碍　社区康复　职业康复　赋权

为满足精神障碍康复者（以下简称"精障康复者"）回归就业的需求，上海市 C 区精神卫生中心于 2018 年开始尝试建立社区精神障碍康复者职业康复项目，到目前已经有三个稳定运行的设立在医院内的职业康复项目，

---

*　胡思远，上海市虹口区精神卫生中心社会工作部社工，研究方向为精神健康社会工作、残疾人社区康复等；杨锃，上海大学社会工作系副教授，研究方向为精神健康社会工作。

另外还有若干个院外合作的职业康复点。精神卫生中心所办的职业康复项目稳定发展，也带动了社区内阳光心园在各自街道的支持下开始尝试设立职业康复点。而上海市 C 区的精神卫生职业康复项目也因为在全国范围内开始较早且发展较好而受到了关注，接待过众多行业内的参观团。但正是在这看似发展形势良好的表面下，也存在目前职业康复项目不完善，是否能真正实现帮助参与项目的康复者回归社会和恢复就业的目标的担心。

笔者在实际的观察中也发现，参与了职业康复项目的精障康复者即使表现特别好也难以回归就业，而背景相似没有参与职业康复项目的精障康复者却能够顺利回归就业。

回顾前人研究发现，在职业康复的研究方面，王桢等（2007）梳理了传统职业康复模式、支持性就业模式、社交技能训练与职业康复以及综合性支持就业模式。江琴娣、昝飞（2011）梳理了美国庇护工场的发展，且更进一步地指出了困境以及出路。熊文娟等（2014）梳理了我国大陆地区、香港地区和台湾地区庇护工场的发展。郑妙珠（2017）以广州市为例在系统视角下研究了职业康复如何在多个系统的共同作用下去达成效果，指出我国职业康复目前还是固守线性和单向的生物医学模式，而这种模式显然不如从系统的视角去看待问题对康复者的帮助更大。杨铖（2019）则从"替代服务"的视角考察了位于日本北海道的贝塞尔之家的经验，展示了自助团体、社会组织与社会福利企业相互结合的方式提供社区精神康复和职业康复的经验。以上研究集中于职业康复的形态论述，但在职业康复项目对于精神障碍康复者的复杂作用，尤其在本土呈现的具体经验方面，则仍有待进一步考察。

为此，本文基于对 C 区精神卫生中心开展的职业康复项目的实际运作研究，借助赋权视角，通过对参与职业康复项目的精障康复者和没有参与职业康复项目的精障康复者的对比研究，揭示了目前职业康复项目整体运作所存在的问题，探讨如何突破目前职业康复项目中的精障康复者始终无法回归社会和就业的困境。

一 研究方法和理论视角

1. 研究方法

本文以上海市 C 区精神卫生中心开设的职业康复项目为研究对象，采取的是个案研究方法，收集材料的方法主要是在参与职业康复项目过程中的观察和半结构式访谈。笔者访谈的主要对象是精障康复者，另外也访谈了与精障康复者密切相关的职业康复项目相关工作人员、精卫医生和相应阳光心园的负责人等。其中，目前正在职业康复项目当中且表现很好、符合回归就业条件但是事实上没能回归就业的有3人（表现很好符合回归就业条件的判断由服务康复者的医生、社工、阳光心园老师、社区工作人员、康复者家属共同做出），没有参与职业康复项目但是背景与前面3位精障康复者相似且成功回归就业的有1人（背景相似的判断由共同服务他们的社会工作者做出）。需要指出的是，此处对比的两方人数并不均等，但这是在信息已经足够支撑双方对比的情况下做出的选择，因此不会对研究结果产生影响。访谈对象的具体情况见表1。

表 1　访谈对象概况

编号	性别	年龄	精神症状	职业/职位
精障康复者 J	男	30	精神分裂症	培训机构销售
精障康复者 L	女	33	精神分裂症	职业康复中
精障康复者 N	女	38	精神分裂症	职业康复中
精障康复者 Z	男	30	精神分裂症	职业康复中
精卫工作人员 W	男	35	/	职业康复项目负责人
精卫工作人员 E	男	30	/	社工部社工
精神工作人员 H	女	45	/	社工部负责人/精神科医师
阳光心园负责老师 G	女	55	/	阳光心园负责老师
阳光心园负责老师 A	女	56	/	阳光心园负责老师
阳光心园负责老师 N	女	42	/	阳光心园负责老师
阳光心园负责老师 D	女	33	/	阳光心园负责老师

2. 理论视角：赋权的五要素

　　本文是在赋权视角的理论框架之下对比分析成功就业的精障康复者和未成功就业的精障康复者之间的康复过程，具体分析框架见图1。

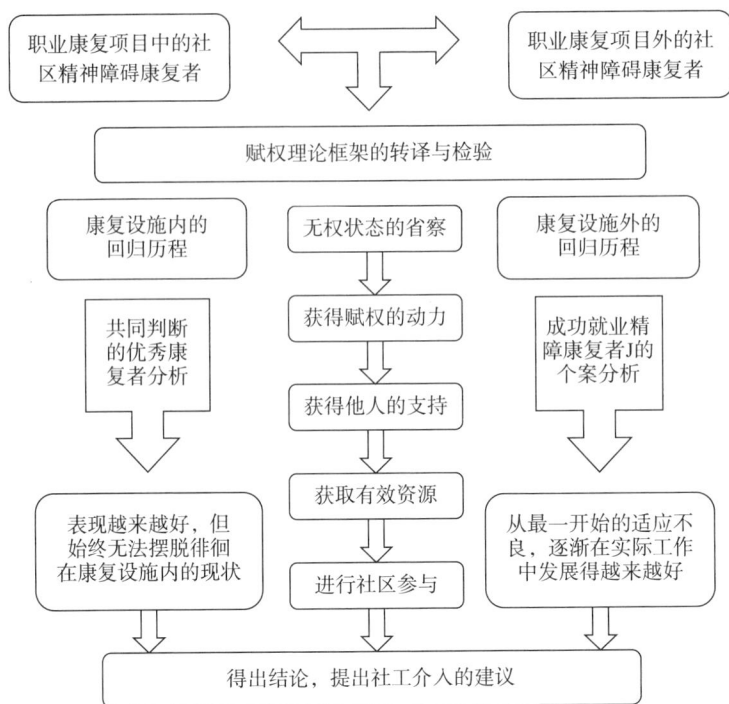

图 1 研究框架

二 赋权视角下的精障康复者回归就业历程

赋权视角是在 20 世纪 70 年代引起社会工作界的注意的，根据 Bransford（2011）所指出的，社会工作在注意到赋权视角并对其进行广泛讨论和应用以前，其本质是社会工作者怀着一份好心去帮助被服务群体的干涉主义行动，因此也可以认为引入赋权视角是开启了社会工作由纯粹"问题化"视角看待服务对象处境到引入"非问题化"视角看待服务对象处境的新篇章。

在赋权视角的讨论中，权力是个非常重要的概念，而与之紧密联系的是无权的概念。因为当社会工作者提到某服务对象或者某服务群体需要赋权之时，必定是当时某服务对象或者群体处于无权的状态。因此在阐述赋权视角时，必须对权力和无权的概念做清晰的定义。Parenti（1978）认为在赋权视角的语境下，权力是一种排除阻力以有效控制资源并得到自己需要的东西的能力。范斌（2004）认为"权力是指服务对象对外界的控制力和影响力"。陈树强（2003）认为权力不外乎是指人们所拥有的能力。Gutierrez、Parsons 和 Cox（1998）则进一步指出，权力是通过人际的互助衍生出来的权能资源，是一种可以共享而非零和的集体性经验。

笔者认为，综合以上学者的观点，赋权视角中的权力应当是指这样一种能力：拥有这种能力的服务对象可以稳定地获得和控制有效资源，并且通过这种有效资源保有适当程度的关于自己生活的选择权。具体到本文研究的语境下，这种能力指的是精障康复者在经过赋权以后，有能力在社工的协助下独立判断自己的生活中需要什么样的有效资源，并且有能力去获得和控制这种有效资源，比如专业人士的支持（如定期的社工辅导）、特定的职业培训和求职支持。通过这种有效资源的自主稳定控制，获得对于自己生活的选择权，体现在就业方面则是可以自主选择适合自己兴趣、能力和生理状况等综合条件的职业，而不是在无权状态下的直接由服务体系安排。体现在本文具体研究情境中则是，社区精障康复者能够在必要的支持下自主择业，并且稳定就业。

与权力相对的是无权，无权就是被服务对象没有权力，需要赋权的状态。关于无权状态，前文的文献综述也已经有提及相关的研究，陈树强（2003）认为，无权状态可以被进一步细化为无权（完全没有权力）、弱权（有一小部分不足以改善生活和环境的权力）和失权（由于各种原因被剥夺原有权力）这三种情况。而范斌（2004）则归纳了三种无权群体会面临的困境：第一，成员生存能力差，抗风险能力弱，竞争力低；第二，社会交换的参与缺乏，无法换取自身所需资源；第三，缺乏在社会和政治层面表达自身诉求的能力。笔者认为，以上二位学者已经很好地论述了什么是需要赋权的无权状态，本文可以采用这种论述而无须赘言。

在权力、无权的概念被清晰界定以后，对于赋权视角理论架构论述很重要的一点是，需要明确赋权过程的重要元素。Lord 和 Hutchison（1993）经过对 41 名曾经历无权状态和赋权过程的参与者的研究，梳理后提出了赋权的五个关键要素。

（1）对无权（Powerlessness）状态的省察

无权状态的形成是一个逐渐累积的过程，服务对象目前的无权状态是在其生命过程中出现的社会隔离、无同理心的服务体系、贫穷状态和被虐待中的单一经历或者多重经历共同影响累积的结果。

在这其中，对于很多残障者而言，社会隔离从其早年就会开始经历。而对于大多数处于无权状态的服务对象而言，忽视、隔离和遗弃共同构成了他们所遭受的社会隔离的现实。随着服务对象生命历程的推进，脱离社会隔离的状态对于服务对象的赋权而言是非常重要的。

缺乏同理心的服务体系也是形成服务对象无权状态很重要的原因，表现为对于服务对象的真实状况的忽视和不恰当的干预。在缺乏同理心的服务传递体系之中，服务对象经常被简单归为贫穷或者残障的，而忽视了对于服务对象复杂但是真实状况的省察。继而导致的结果是，缺乏同理心的服务体系往往应对的是服务对象真实问题所导致的结果，而不是处理了服务对象的真实问题，即"治标不治本"。这导致服务对象对于服务体系的长时间依赖，并且提供服务反而对其赋权形成了阻碍。

贫穷使得服务对象长期生活在福利体系的照顾之下，形成对服务体系的依赖，逐渐失去对自己生活的控制。而虐待也是服务对象失权状态的重要原因，施虐者可能来自其身边的任何人，受虐的经历让服务对象始终处于恐惧之中。

（2）获得赋权的动力（Impetus to the Empowerment Process）

服务对象的赋权是一个独特并且始终持续的过程，因此赋权过程很难找到一个准确的起始点和终结点。虽然无法找到赋权的起点，但是获得赋权的动力对于服务对象特别重要，而对绝大多数服务对象而言，赋权最初的动力却不是来自自主的决定，而是来自可以激发其进入赋权过程的代理人或者特定情境。这种激发之所以可以让服务对象进入赋权过程，是因为它会打破服务对象的生活平衡，让服务对象开始重新审视自身的能力和处境，并开始为自己发展新的人生方向。如处于无权状态的服务对象可能会遭遇更严重的新的危机，这种危机会让处于不断谈论自身挫败的形成，却始终处于被动不改变的服务对象开始认识到自己无法再忍受目前被动的无权状态。在服务对象因代理人或者特定情境激发获得初始赋权动力以后，其内在的潜能开始被激发，以维持其处于赋权过程中的持续赋权的动力。

（3）从他人处获得支持（Support from People）

可从他人处获得支持对于服务对象的赋权过程十分重要，他人提供的支持可分为实质性支持、精神支持和有经验者的经验支持。如果服务对象已经意识到自己是应该有权力的，那么他人的帮助会更加有效，而对于服务对象而言最有帮助的支持一般是他人多重性的支持。

由于无权的服务对象一般处在很大的困难和资源缺乏状态中，因此实质性支持一般是服务对象赋权过程中真正开始重新找回自己人生掌控权的第一步。实质性支持可能包括提供支持者为服务对象提供信息去解决服务对象的问题，或者直接为服务对象找到工作等。

精神支持对于服务对象赋权的重要性在于，精神支持可以坚定服务对象的自信，更坚定自我是有价值的，从而发掘自己的优势和潜能。精神支持通常会来自互助团体的伙伴、家人、朋友和服务提供者。

经验支持对于服务对象的赋权过程也是十分重要的，有过赋权经验的社会工作者或者与服务对象有相似经历的人士，可以在服务对象的赋权过程进行到特定阶段时，提供适当的信息帮助服务对象攻坚克难。

（4）获得有效资源的途径（Access to Valued Resources）

能够真正获得有效资源是服务对象在赋权过程中非常重要的一个方面，因为对于经历无权状态的服务对象而言，他们所能接触最多的资源提供者可能只有福利体系。而传统福利体系被批评最多的便是"问题化"视角，即把接受福利的服务对象当成受害者，而整个体系则以施恩者的形象出现，提供资源帮助服务对象从问题当中脱离出来。在整个资源提供的过程中，缺乏对个性化的尊重并且对于接受福利者严密控制。而这类资源对于服务对象的赋权过程而言并不是有价值的资源，甚至反而会导致服务对象的无权状态进一步固化。

对于服务对象的赋权过程而言，有价值的资源具备以下几种共同的特质：针对使用者的个性化定制、资源可被使用者控制和资源提供者与使用者之间是可交流的。总之，对于处于赋权过程中的服务对象而言，真正有效的资源是像常人可以获得和控制的资源那样，而不是一种特定提供给所谓弱势群体的特殊照顾。

（5）社区参与（The Role of Participation in Community Life）

能进行社区参与是服务对象整个赋权过程中最为关键的一环，因为在无权状态中，缺乏社区参与是很重要的一部分；而反过来，进行更多的社区参与不仅是之前赋权过程的结果——服务对象自信提升和个人掌控能力增强，同时也是整个赋权过程的一部分，社区参与可以更进一步提升原先处于无权状态的服务对象的自信心、自我价值感和对于自己生活的掌控。另外，Lord（1993）引用 Wolfensberger 的观点指出，社区参与对于需要赋权的服务对象获得有价值的社会角色有很大帮助。

进行社区参与可以帮助服务对象获得社会角色，摆脱原先社会隔离的状态。并且进行社区参与可以让赋权过程中的服务对象自主扩展自己生活的可能性，比如服务对象可能在某社区团体中认识新的朋友或者习得新的技能，这些都有助于服务对象提升对于自己生活的掌控程度。而最终，随着社区参与的不断增多，服务对象可以很自然地进行社区参与，而不需要其他人的辅助。这是服务对象赋权过程中一个很重要的里程碑。

二　精障康复者就业和职业康复历程分析

1. 回归就业的努力：精障康复者J的案例

（1）疾病历程与无权状态的形成

对于精障康复者J而言，无权状态并非在患精神疾病以后才开始形成的，而是早年经历逐渐积累形成的结果。精障康复者J从小父母离异，父亲在离婚之后再婚，并且在这之后就置精障康复者J母子于不顾，而本应相依为命的母亲与精障康复者J的关系却同样很差。因此在精障康复者J的成长中，几乎没有家庭系统的支持。在学校当中，精障康复者J因为爱吹牛、作恶多，也无法正常得到朋辈群体的支持与接纳，据其自述，他很小就开始出现一些精神症状，只是没有发病。

> 从小就有征兆，只是没有发作而已。小时候就比较喜欢吹牛，比如说我们家里条件很好，但事实上家里条件并不是那么好，而且从小在学校也是个恶少。后来和家里关系也很不好，后来就分裂了。（精障康复者J-20171017）

精障康复者J在中学学业完成之前就去了一家机构，但是在该机构的经历也并没有改变精障康复者J的人生轨迹。首先，精障康复者J也并没有在机构得到他人支持，而是受到了一些欺压，更是在机构内就被诊断患有抑郁症。离开该机构之后，所面对状况的持续恶化对于精障康复者J而言更是雪上加霜。

> 他十六七岁的时候就去了一家机构，在那里面待了两三年，然后回来的时候，原先父母就已经是分崩离析了，等到他回来的时候其实已经更加不要他了，都不理他了。而且他当时的那个成长环境其实也是比较的……怎么说呢，让他可以去学到一些不好的东西，过早体验

了一些成年人体验的东西，然后因为爸妈都不在身边，呃……他当时拿了一笔钱回来，然后很快就挥霍完了。而且他当时出来的时候，他妈把那个房子给卖了，以至于他就找不到房子，没地方住，就很生气……（精卫工作人员 E - 20171031）

以上经历让精障康复者 J 所能掌握的资源不足以改变自己的生活，进入陈树强（2003）所说的弱权状态，这些都是精障康复者 J 权能被逐渐剥离，无权状态最终形成的过程。之后他只得开始打工，但是赌博成瘾却成为精障康复者 J 最终被送入精神病院，从而真正使其无权状态在住院的经历中形成并固化的重要原因，进入陈树强（2003）所说的失权状态，被剥夺了原有的权力。

我当时住进去是因为我赌博成瘾，很喜欢打钓鱼机，最厉害的一次是一个晚上一下子输掉三万块钱……住院以前我做过快递，B 快递，做分拣，很辛苦。然后住院时领导还来看过我，可是同事都知道了。后来领导希望我继续做，因为我的工作态度和能力领导也是认可的，可是我不愿意回去了，因为别人对我有看法。（精障康复者 J - 20171017）

获得"精神病人"这个身份的影响是让其失去了对生活的掌控力。尽管领导出于对他工作能力的认可希望他回去工作，但是他不愿意回去承受别人的看法。

（2）觉醒与赋权动力的获得

Lord（1993）指出，在赋权过程中获得赋权动力十分重要，赋权是一个漫长甚至带有痛苦的艰难过程，有一个稳定的赋权动力对于整个赋权过程的持续推进是十分有益的。但最初赋权动力往往不是自主决定的。对于精障康复者 J 而言，让其重新审视自己处境的是出院以后他发现仅靠补助已经无法维持原有生活，可就此缩减自己的需求又是他所不愿意的。

他又有这样的比较强的想要去，去追求物质利益的这样子一个动机，就是他之前体验过，他享受过。就好像你喝过一杯星巴克（咖啡）以后，你就不愿意喝医院里面一杯六块钱的咖啡一样，他喝过这个 30

多块的，他就觉得这个 30 多块的味道好。他不愿意再回去，当然，你说他没办法回到穷人生活，他也只能接受，但是他不愿意，他觉得更好的生活品质是他喜欢的，他愿意大鱼大肉地吃、大口喝酒的这个生活状态。（精卫工作人员 E - 20171031）

精障康复者 J 有两种策略可以恢复原有生活的平衡：策略一是保持自己内心对于物质的欲求，但是必须找到满足这种物质欲求的方法；策略二则是继续停留在当前的生活状态中，依靠各种救助生活，但是必须将自己内心对于物质的欲求不断降低。

我从来没有纠结过要不要进入社区的阳光心园这些的（事情）。并且，只要在自己经济情况允许的条件下，我就一直都在坚持治疗，也一直在坚持服药。我从来没有抗拒服药，因为我知道这个药物治疗对我意味着什么，这也正是我和其他精神分裂症人不一样的地方。我从来没有去阳光心园看过，我坚持药物治疗，但是我不愿意和他们（指其他精神疾病患者和康复者——笔者注）接触。（精障康复者 J - 20171017）

精障康复者 J 最终选择策略一，并且在适当的赋权服务之下努力回归生活的平衡这一动机，尽管一开始是被动产生的，但是其根本是出于精障康复者 J 的内在动力，因此能够十分稳定。

（3）他人支持与有效资源的控制

对于处在赋权过程中的服务对象而言，他人的多类型的支持和能够获得有效资源并自主控制获取这种有效资源的途径是极为重要的。

Lord（1993）指出，他人提供的支持可以分为实质性支持、精神支持和有经验者的经验支持，并且这些多类型的支持对于已经意识到自己是应该有权力的服务对象而言更加有效。而有效资源的特征则是针对使用者的个性化定制、资源可被使用者控制，而且资源提供者与使用者之间是可交流的。

第一，他人对于精障康复者 J 的支持。

研究发现，社会支持的建立对精障康复者而言，是一个非常关键的痊愈和社会功能恢复的促进因素。

　　病情不稳定是我面对的比较主要的困难，在精卫工作人员 E、社工、街道以及居委会的帮助下，我办理了最低生活保障，加上在自己需要求生活的意志的支持下，我慢慢克服过来。并且，我虽然不参加社区康复活动，可是治疗还是在坚持，还是坚持服药的……我觉得我销售做得好也是因为我自己有销售的天分吧，我天生就是这块料，现在一个月能赚到一万五（千块），再加上老师带得好，她带了我四个月。要感谢的话，除了那个老师，还有就是精卫工作人员 E、社工，他让我知道生活可以是平淡的。（精障康复者 J－20171017）

　　在精障康复者 J 的赋权过程中，给予他的支持是多种类的，街道和居委会提供最低生活保障为其解决实际问题。而在做销售以后，带他的销售老师则给他提供了经验的支持，帮助他完成在工作上的进步。服务他的精卫工作人员 E 则是综合了三种支持，但是主要给予了他精神支持。

　　Lord（1993）认为，为需要赋权的服务对象提供多种支持的他人，有时会起到类似人生导师的作用，而这种人生导师是服务对象在赋权过程中非常重要的一部分。在精障康复者 J 的赋权过程中，服务他的精卫工作人员 E 为他提供了多种类型的支持。另外需要指出的是，由于精障康复者 J 没有参与精卫中心开设的职业康复项目和社区精神卫生体系下的阳光心园等设施的服务，因此精卫工作人员 E 和精障康复者 J 的服务过程受到体制性力量的影响较小。

　　对比其他三位精障康复者，精障康复者 J 的警惕性明显更高，比如笔者会要求访谈对象签署知情同意书，而精障康复者 J 对此采取了"双保险"——首先是要求签自己的英文名而不是中文真名，其次在访谈结束后不愿意将知情同意书带走因为怕被他人发现，而是将知情同意书交给精卫工作人员 E 保管。这一细节说明尽管精障康复者 J 不信任他人，但是对于扮演导师角色的精卫工作人员 E 却是绝对信任的；而在关键时刻提供适当信息方面，则是主要体现在某些场域内的做法选择方面，比如，精障康复者 J 刚开始不断换工作，除了对于薪资提升的耐心原因之外，还有很重要的原因是在很多时候和同事的关系处不好，比如会出现骚扰女同事等状况。此时精卫工作人员 E 便是为其提供了与此相关的关键信息，以帮助他之后至少能够控制不当的行为；在激发精障康复者 J 的潜能方面，精卫工作人员 E 做的主要是适当的支持和陪伴。

第二，精障康复者 J 获得有效资源的途径。

对于需要赋权的服务对象而言，获取和控制有效资源也很重要。处于无权状态的服务对象所能接触到的资源可能最主要来源于福利体系，而"问题化"视角下的福利体系的最大问题是把服务对象当成受害者，把福利提供者当成施恩者或者解放者，缺乏对于福利接受者个性化的尊重。这便是 Lord（1993）所批判的非有效性资源。

对于精障康复者 J 而言，他所能掌控的最重要的有效资源是他的工作。工作可以为他的赋权过程带来的助益包括提升他的经济能力、为其生活提供保障，并且可以让他获得他人的尊重。同时，精障康复者 J 也并没有完全脱离福利体系所提供的福利，通过街道和居委会层面的特殊安排，他在正式就业的情况下依旧可以继续领取低保作为保障。

从表面上看，精障康复者 J 能够获得一份稳定工作以及能够在工作后继续获得低保保障，是因为他个人努力以及运气好获得了他人的大力支持。但是深入分析可以发现，精障康复者 J 能够获得这些对于他赋权过程相当重要的有效资源的最主要原因是他自己控制了资源。

（4）社区参与与赋权状态的巩固

社区参与对于需要赋权的服务对象而言，最为重要的意义体现在它为服务对象提供了一个在社区中的稳定角色。这能够破除社会隔离的阻隔，并且增强处在赋权过程中的服务对象的信心，巩固赋权过程中的成功进步。

精障康复者 J 和其他康复者最大不同在于，其他康复者虽然也是在社区当中康复，但是其实平时接触最多的除了父母、康复同伴和在社区精神康复体系中服务的工作人员之外，是很难稳定与其他社区成员互动的。而精障康复者 J 选择断绝和其他康复者的联系，拒绝加入任何形式的互助团体，与社区精神康复体系和精神卫生系统维持的联系仅有服务他的医生（稳定精神症状）和服务他的社工（精卫工作人员 E，引导人生方向），而这仅有的联系中，他也是占据了主动。

> 我生活中和工作中的朋友也都是普通人，并且我是不可能会让他们知道我曾经得过精神分裂症这件事的。（精障康复者 J‒20171017）

笔者在此无意对精障康复者 J 这一做法是否真正有利于他的社会回归进行批判。在此想说明的是：在社区参与中，精障康复者更多与其他康复者接触还是更多与普通社区成员接触，会对康复者的角色定位产生很大的影响，并进而影响其社会回归过程与赋权过程。具体的与另外三位与社区精神康复体系联系较为紧密的精障康复者之间的对比将在之后的部分详细展开。

2. 在职业康复项目中的徘徊：康复者 L、N 和 Z 的案例

（1）疾病历程与无权状态的形成

精障康复者 L、N 和 Z 的家庭支持系统较为健全，但是与精障康复者 J 存在的共通之处是，其早年也因为各种原因有精神症状的显现。

> 这个人的精神世界形成的过程是因为他在早年的时候，小学、初中开始就被同学们欺负。精障康复者 Z 虽然块头大，但是胆子小，打不过别人。那打不过别人，但是又被欺负，这个时候肯定会有一些办法，人的这种自保的部分。当时他很明显的一点精神症状是什么，他的精神分裂的表现方式是，他有幻想出来的精神世界，然后在这个精神世界里面去杀人和放火。（精卫工作人员 E－20171031）

前文已经提到，精障康复者 J 的无权状态不断积累，直到他因为无法独立生活而导致无法承受压力，最终他出现精神疾病而入院，是因为他在面对无权的困境时，几乎没有任何支持系统可以给予他帮助。而精障康复者 L、N 和 Z，如精障康复者 Z 虽然家庭支持系统健全，但是在他遭遇困境时却无法给予他适当的支持。而当社区康复者在出现精神疾病时，其家庭也只能将其送入精神病院住院治疗，使其精神疾病患者身份确立。

在精神病院的住院过程当中，逐渐失权并且最终进入固化的无权状态的精障康复者 L、N 和 Z 遭遇了不适当的处遇方式。

> 我就跟我老爸说，我说我有这个心但是我没有这个胆，我怕我自杀不成功，他又把我送到医院里边来了。我怕，他跟我说过，他说我做的时候，第一次的话三个月，第二次就半年，第三次我就终生住医院。而且他是很严肃地跟我说的，你知道吧。那个时候是这样……我说他叫我死都可以，不要说让我住院，不要说……就感觉很难受，就是讲我感觉噢，怎么说呢，像"阶下囚"一样的。（精障康复者 L－20170727）

可以发现，精障康复者非常害怕再次住院，这从侧面反映了精神病院中的介入服务也许有效（控制疾病症状），但是并不适当，并且这种恐惧会对他们之后的赋权过程产生影响。从其家属以入院为要挟，要求他们控制好自己的行为来看，也说明了虽然家庭支持系统健全，但是在他们遇到困境时，所提供的支持也并不适当，这是他们无权状态形成的重要影响因素。

更进一步的是，对于处于无权状态的精障康复者而言，除了缺乏 Parenti（1978）所说的一种排除阻力以有效控制资源并得到自己需要东西的能力以外，更缺乏陈树强（2003）所说的权力感，而权力感则可以增进人们的自我概念、自尊、尊严感、福祉感及重要感。但是对于住进精神病院、精神障碍者身份被确立的无权状态的社区康复者而言，以上的权力和权力感都是缺乏的，这是进一步导致他们的无权状态被固化的重要原因。

> 出院这个事情很奇怪的，医生说出院了你就可以出院了。这么做就是就是防止焦虑的呀。你这时间太长，你之前，你如果两个月之前就知道你两个月之后可以出院你不焦虑吗。肯定要焦虑的呀，然后就病情反复，就不能出院了呀，所以医生都不会隔了这么长时间就告诉你，可以出院了。而且都有观察，它都有制度的呀。（精障康复者 Z - 20170919）

至此，从无权状态的视角看，三位社区康复者的经历其实与精障康复者 J 所差无几。但是在出院以后，精障康复者 J 选择了直接就业，形成对比的是，三位精障康复者 L、N 和 Z 却由于医生推荐或者直接安排相继参加了 C 区精神卫生中心开设的职业康复项目。

（2）觉醒、赋权动力的被给予与无权状态的再生产

精神疾病导致的住院过程使得精障康复者从原先的弱权状态进入无权状态，这种困境让他们在出院回到社区以后很难立即融入社区，成功回归社会。因此，必须有一个适当的赋权服务过程，帮助无权者重新获得权力，以让其顺利融入社区、回归社会，重新获得正常的就业机会。

Lord（1993）认为赋权是一个很艰难的过程，很难看到明确的起点和终点。所以无权者有对于自身无权状态的省察、对于自己应当有权力的信念和获得一个稳定的赋权动力就非常重要，而以上三点往往会经历一个从被动到主动的过程。从上文对于精障康复者 J 的觉醒过程和赋权动力的梳理中

可以清晰地看到这三点从被动到主动的过程。但是笔者在研究了三位社区康复者的觉醒和赋权动力的获得过程以后，有了不一样的发现，接下来将梳理精障康复者 L、N 和 Z 的觉醒和赋权动力的获得过程。

对于无权状态的觉醒和省察的最初动力往往来自对无权状态下痛苦的直接经验感知，而赋权动力多来自于对于摆脱无权困境方法的思考。对于多数需要赋权的无权者而言，最开始对于痛苦的直接经验感知往往会导致对于从无权状态的被动觉醒和省察。

> 我出院以后就在家里过夜生活，难过啊，啥都没了，啥都没了夜生活都不能过吗，对吧。然后那时候，不是那个，也是觉得什么自暴自弃嘛，就是把自己吃成两百斤的那个体重，哈哈哈！很肥，那时候我就在思考，一个问题思考了很多年。为什么我的人生会走到现在这一步，然后我的人生什么时候才能结束，我一直在思考，当然那个时候就是偶尔的物质刺激啊，能带给我短暂的快乐，那时候感觉人真的难受。（精障康复者 L - 20170727）

但是由此而引出的对于自己可以有权力的自觉意识，以及获得赋权动力以后由被动到主动确实需要适当的服务和引导。在精障康复者 J 的赋权经历中我们可以看到社工对其加以引导，而在另外三位精障康复者的赋权经历中，由于他们的家庭支持系统更为健全，因此除了社工和阳光心园老师为他们提供赋权服务以外，在他们的赋权过程中，引导他们产生自主赋权动力的最主要角色应该是他们的家人，但是很难发现这种适当的服务和引导。

> 我爸不是脾气不好嘛，然后碰到我一生病的话，他就不上班了，他就回来，那时候就是，我心态也不好，他脾气也不好。然后我就在家里跟他争了几句，他就立马说"再去住院"。（精障康复者 L - 20170727）

可以发现，在精障康复者 L 已经感知到无权状态的痛苦，并希望和家人分享获得支持时，并没有得到适当的支持回应，也没有人引导其反思如何摆脱这种困境，反而是以其住院的痛苦经历为要挟，要求其行为符合一定的规范。这种看似个体家庭面对困境时的策略不当，其实反映的是社区精神康复体系提供服务的不当——C 区精神卫生中心和各街道的阳光心园都会定期开展各种形式的家属教育。笔者所观察到的就有两次由 C 区精神卫生中心举办的大型家属教育活动，和两个在某街道阳光心园活动的家属教育小组。而精障康复者 L、N 和 Z 的家长也都是参与相关活动的积极者，但是似乎这类培训活动的效果并不佳。

因此，精障康复者 L 对于无权状态的觉醒和省察始终停留于导致其无权状态固化的痛苦的住院过程中。更为重要的是，对无权状态的被动省察和被动觉醒所导致的进一步后果是，赋权动力的获得也始终是被动的，并且难以转化为社区康复者自主的动力。

> 当初我不是出院嘛，然后那个门诊医生说有一个康复机构，他说可以叫我过去。那个门诊医生说，他说阳光心园就是为我们这帮子人开的。但是一开始我不怎么去，那个我觉得，喷，什么东西他硬是叫我做，没有商量的余地，我就后来偶尔去去。老师硬是逼着我做我不喜欢做的事，那就不去，后来嘛这有改善，所以我就去了。而且那个时候就是有个曲折嘛，就是我一直想在家里过那个夜生活。我爸妈就想办法，说就扣我零用钱，后来我就到那里去，才能拿到钱。（精障康复者 L‒20170727）

从精障康复者 L 进入阳光心园开始，就是由门诊医生推荐和安排的，而之后在阳光心园当中也是被动地进行各项康复活动，而当精障康复者 L 不愿意去阳光心园的时候，监护人以零花钱为筹码要求她必须参与。从整个过程中我们可以发现，精障康复者 L 并没有能够从最初的被动的赋权动力的获得中转化出自主的赋权动力。

> 然后就陆续招进来，招进来一些呢年纪都很大的，然后他们就是，因为实在没有人了嘛，老师就是逼他们就是学跳舞，他们是不想学的，然后老师就会盯着他们。然后进来新的年轻人了嘛，年轻人本来就喜欢这种东西嘛，那么老的就淘汰了，老师也就不存在要盯他们了。（精障康复者 N‒20170803）

而从阳光心园这个社区精神康复机构的运行角度来看，即使该机构的目标是帮助参与其中的精障康复者重新回归社会，融入社区，甚至可以重新回归正常的竞争性就业，即让无权者重新拥有权力。但是在其日常康复活动的安排中也可以发现，帮助处于赋权过程中的精障康复者形成自主的赋权动力至少并不是最重要的目标。杨锃、陈婷婷（2017）指出，上海阳光心园实际上是多重制度逻辑之下的产物，且管控逻辑往往压过康复逻辑。

当然，我们也不能就此断定精障康复者完全没有形成自主的赋权动力，但是这种赋权动力是否足以持久支撑其艰难的赋权过程，以及是否能支撑其赋权过程始终向成功推进，却是存疑的。

> 我感觉父母的教育方式有问题，但是我的问题最大，才会让我生这个病。然后他们，就是怎么说呢，就是在我生病以后嘛，生病以后就我状态不太好的这几年，他们对我好像还是不太好，可能就是这样在物质上是满足我，但是在精神上的话我感觉很匮乏。后来就在我进阳光心园后几年，然后就觉得爸妈蛮可怜的，可怜。（精障康复者 L－20170727）

> 因为也是精障康复者 L 告诉我的，她说 A 老师，我爸叫她到亲戚，她亲戚开个公司，叫到她那里做一下，我爸都不同意。我说"你爸哪能这样"，因为我要了解她爸爸怎么想的。然后她说了"我爸说的，你现在康复得挺好的，因为你从来没上过班，突然间到你小姑那里去，你假如说受了一点打击，要再复发的时候那更难，因为像他们年轻，发起来很厉害的"。家长第二次再来陪她，就比较难了。小姑娘嘛挺好的，她说："老师我这样子康复也挺好的，我能帮助更多人，对吧？"（阳光心园负责老师 A－20171124）

从以上我们可以看到，以怜悯他人为基础的自主赋权动力除了支撑的持久性值得被怀疑外，对于整个赋权过程往成功推进的影响也是需要被讨论的。

本部分梳理的目的也正在于此，即精障康复者进入的艰难赋权过程本来是需要一个稳定的自主赋权动力去开启和持续支撑的，然而实际上这种赋权动力虽然可能是自主的，但是其自主性程度值得被怀疑和讨论。因为其中更多的觉醒和赋权动力的形成来自赋权过程相关的工作人员和家人

"逼"的机制，而这种"逼"的机制又属阳光心园的负责老师使用较多，因为目前职业康复项目中的参与者多是阳光心园老师推荐的较积极的社区康复者，因此对于管理职业康复项目的工作人员而言，需要面对的并不是精障康复者赋权初始动力不足的问题，也就不需要使用"逼"机制。而更多的则是始终没有形成自主稳定的赋权动力，因此实际上社区康复者的无权状态被再生产了。

（3）不当支持、非有效资源与无权状态的固化

对于精障康复者 L、N 和 Z 而言，他人支持主要来自家庭、社区精神康复体系中的阳光心园、街道及居委会相关部分和 C 区精神卫生中心。另外，本部分分析中，三位精障康复者所得到的资源也基本来自以上两大主体。

第一，他人对于三位精障康复者的支持

与精障康复者 J 不同的是，由于精障康复者 L、N 和 Z 目前正处于社区精神康复体系和职业康复项目之中，因此来自他人的支持是直接指向支撑他们更好地康复，但是，由于康复的最终目标是让他们回归就业，那么如果来自他人的支持仅仅是让他们在社区康复和职业康复项目中表现得更好，而没能推进他们的赋权过程，反而让他们滞留在社区康复和职业康复项目当中，那么他人的支持对于三位精障康复者的赋权过程是不适当的。

阳光心园的负责老师和与职业康复项目有关的工作人员在支持精障康复者进行职业康复时，主要使用"教"的机制。阳光心园负责老师对于学员"教"的核心是日常生活技能，如人际关系处理、日常服药自觉性和组织心园内的特色活动等。

> 首先要教会他们的就是自理，自我生活这方面。第二个，哦哟，我教的可多了，还有什么穿鞋子、穿衣裳，包括坐姿和站姿，就是生活琐事都管的，现在都教的，自豪，可多可多了。最好的是啥，你知道吗，我们这么多小孩，我们男孩女孩在一起很多的，80 后有 19 个，正常来的有 15 个，他们这么多年轻人在一起，他们知道互相包容，互相爱，而且不会恋爱，就是在道德方面挺好的。不会谈男女朋友的，不会乱来的，这都是我教的……（阳光心园负责老师 A－20171124）

阳光心园负责老师通过"教"所提供的支持内容中，包括了阳光心园负责老师基于自身阅历、经验和所受培训为社区康复者提供实质支持、精

神支持和经验支持等全方位的支持。但是相比于精障康复者 J 所受到的全方位支持，阳光心园负责老师的支持对精障康复者 L、N 和 Z 的赋权过程显然无法起到推动作用。

"教"的机制说明阳光心园负责老师和社区康复者处于实际上的不平等地位，而又因为缺乏同行互相间的交流和足够的培训，阳光心园负责老师去为社区康复者提供支持时带有明显的个人色彩。

> 我们有个学员，本身在这里教育得很好，一看就是家长不配合，家长就是固执己见，你讲什么他就不听的。我们那个学员你应该看到，他就是，我就感觉老可惜的。有的时候他就说："老师，我妈这么说，您那么说，我也不知道你们两个谁说的是对的。"我说："那肯定老师对的，你妈这么多年下来把你教育成这样子，那肯定易老师是对的……"我这都是这么多年自己总结的。（阳光心园负责老师 A－20171124）

这实质上导致了精障康复者"康复"得好只是够听话，而精障康复者因为没有形成个人解决问题的能力，是很难真正脱离本心园老师的。所以不难解释为何越是在社区精神康复体系中"康复"得好的社区康复者，越难以脱离社区精神康复体系——因为他们只是足够听话，而不是如精障康复者 J 那般在社工的方向指引下自主建构人生。

职业康复项目的工作人员"教"的核心是职业技能，如制作咖啡技能和职业礼仪等。

> 我们就想，这个病人以后他出院了之后，他以后肯定要工作。他要工作，因为只有有了工作，他才能在这个社会上立足……所以说就是希望有这样一种，给他们以职业技能训练为核心这样一种康复活动。那么我们一开始就是想了很多种类，最后选定呢就是说"稍微比较高大上，也比较符合现在整个社会潮流的"一个咖啡吧这样的，因为咖啡吧，像这种，比如说，因为现在外面这种奶茶铺啊、咖啡吧啊都很多。（精卫工作人员 W－20170912）

为了更加接近真实的就业环境，C 区精神卫生中心也通过一家社会组织的联系，与市中心某高档百货商店内开设的一家咖啡店达成了合作，安排在职业康复项目中表现较好的精障康复者前往学习更为专业的咖啡技能以及通过短期实习感受实际就业环境，希望训练社区康复者的全方位的人际关系处理能力。

但是实际上因为精障康复者 L、N 和 Z 在职业康复中仅仅只是接触院内的工作人员（其实主要是精卫医生），即使是作为康复较好代表的三位精障康复者，仅仅是知道要去真实咖啡馆当中实习也会很紧张。

> 我挺紧张的，因为平时医院当中都是给医生做咖啡，有的时候即使做得不好也会被包容，觉得没那么紧张。但是今天在外面我想这是很高端的地方，可能人家要求就比较高一点，虽然实际上最后也没有怎么样，但我还是觉得很紧张。（精障康复者 L – 20170727）

而这一点导致精障康复者真正外出就业时，会因为人际关系处理能力缺乏产生很大的压力，以至于难以真正坚持竞争性就业。

> 唉，吃不消。然后同事嘛都是一些很小的小朋友，都是那种十七八岁，来做兼职的小朋友，那你叫他们帮你做很多活，他们自己嘛也不主动，因为他们觉得我就是混的。然后就是老板看着的时候做点儿活，老板不在，他们就什么事都不做的，等于我一个人要做四五个人的活，你想想看，肯定很累的呀。平时懒散惯了，一下做事就很累，然后又工作量那么大。别的工作比较复杂，我想我不太会做，奶茶铺还是比较简单的，我只要把它规定的 54 种饮料的配方背出来。然后做给他们就可以了，但是人就是一直要站着，但是那些小朋友比较懒，他们不肯背那个流程，他们都来问我的，做一杯饮料就问我一杯，然后问的我累了，我就说："你们不要问我了，我来做吧。"干脆我来做算了，所以我就很累嘛，一个人做很多活。（精障康复者 N – 20170803）

因此精障康复者 L、N 和 Z 在其赋权过程中所受到的来自专业力量的支持是不足和不当的。这种不足和不当表现在来自他人的支持不能对他们重新获得权力产生推动作用，反而让社区康复者再次获得了无助感，固化了他们的无权状态。

第二，三位精障康复者难以获取有效资源。

相较于精障康复者 J，精障康复者 L、N 和 Z 获取资源的途径并不少，但是，对于赋权过程而言，考察所获取的资源是否有效则更为重要。而考察的主要标准是社区康复者所获得的资源是否具备 Lord（1993）指出的针对使用者的个性化定制、资源可被使用者控制和资源提供者与使用者之间是可交流的等有效资源的特征。

首先考察来自心园老师的资源——

> 看到他们，就像看到自己的孩子一样，很可怜的。他们同样是跟我女儿差不多大的，他们在精神方面出问题的。其实我们阳光心园也是给他们家长分忧愁。到我们阳光心园来，其实，对吧，他们家长有时也跟我们老师打电话的，就是很苦的，因为现在嘛，就是孩子，其实父母对孩子真是一个寄托啊。好不容易生了一个孩子，生出来这样子的，其实他们家长也是很苦的，对吧。(阳光心园负责老师 G - 20171211)

不难发现，阳光心园的负责老师提供资源的出发点之一是同情社区康复者，而这种同情背后的逻辑是以"问题化"视角看待社区康复者，即他们是有精神障碍的，如果得不到帮助，整个家庭就都会更加可怜。

> 其实她是很好的，我其实很看重她的，有什么事情我叫她帮我一起做，我就看她这个状况，就是她比别的病人，学员好。很简单的，考勤的东西，每个月考好以后，他们有统计的，这个学员出勤多少，请假多少。(阳光心园负责老师 G - 20171211)

不难发现，在精障康复者 L、N 和 Z 的赋权过程中，出现的资源的供给方，以施恩者的形象出现。而这种不平等的关系导致他们很难与资源供给方进行平等交流，也自觉的固定了这种不平等关系。

另一资源主要供给方则是 C 区精神卫生中心。

> 我感觉，那一次好像是第一次和那个医生等一帮人出去，我感觉放不开，就是……就是我知道他们肯定对我们很关心，但是我发现除了我以外，别的小伙伴也是和一桌子医生在吃饭，我们吃完饭，第一

时间立马走，而且我感觉在……在一个餐桌上，我感觉很拘束难受，我差不多在那边，我大概"屏气功"（在吴方言地区一般指憋着什么话无法表达——笔者注）了两天多的时间，真的噢！呃……他们医生好像有那隐晦的表达我们可以放开点儿的意思呢，我那时候也没有理解，就真的"屏气功"两天多，别的小伙伴也是的。（精障康复者 L - 20170727）

所以，社区康复者尽管获得的资源不少，但是由于无法与资源供给方处于平等地位，因此无法平等交流，而这会直接导致资源始终由供给方控制，精障康复者始终处于被动接受的位置，无法有效控制资源来源途径。并且精障康复者作为资源接受者也无法与资源供给者实现真正有效的平等交流，这又影响了资源个性化定制，出现的所谓个性化定制很可能只是削足适履。

综合以上梳理，笔者认为，在精障康复者 L、N 和 Z 的赋权过程中，由于他人支持的不适当介入和非有效资源的供给，三人始终无法真正有效推进他们的赋权过程。并且支持的不恰当和非有效资源的叠加，并非简单延长康复时间可以解决的问题。

（4）社区参与缺乏与无权困境

如果从数量和形式上看，精障康复者 L、N 和 Z 的社区参与状况比康复者 J 要好。而且，根据 Lord（1993）所说的社区参与可以增加需要赋权的服务对象的信心，也的确是精障康复者 L、N 和 Z 从社区参与中所获得的信心更强。但是所导出的现实结果却是精障康复者 J 的赋权过程不断推向成功，并且回归社会和参与就业也更为成功。由于 Lord（1993）提出的赋权关键环节是赋权的整个过程，并不是简单的赋权过程中的几项任务，而是紧密相关的整体，因此，不大可能出现某个环节推进得特别成功而其他几个环节没做好的情况。深入分析社区参与对于需要赋权的康复者的具体影响之后，笔者发现，精障康复者 L、N 和 Z 社区参与方面较之康复者 J 更为成功的现象只是表面上的。

前文的梳理中已经提到，精障康复者 J 进行 Lord（1993）赋权研究中所定义的社区参与极少，但是自信心、自我价值感和对于自己生活的掌控却也能通过掌握社区中交往的主动得到提升，而与普通人更多的接触也对其更好地定位自己的角色有积极作用，帮助他获得有价值感的社区角色。

与精障康复者 J 相比，其他三位精障康复者进行 Lord（1993）所定义的社区参与则要更多。

其中比较典型的社区参与包括对外的各类大型演出活动，在重要节日的义卖活动，而精障康复者 L、N 和 Z 则因为康复较好，加入了"同路人"计划，志愿帮助其他康复者。而在类似每年 10 月 10 日世界精神卫生日的社区宣传活动中，职业康复项目中的社区康复者也会参与面对社区成员的宣传活动。

> 公开演出那意义可大了，一次展示活动，他们回来要开心大半年到一年，因为像他们从来没上过这么大的舞台，你知道吗，也没化过妆，也没穿过这么漂亮的衣裳，然后他们去了以后，我不是马上就算的，我回来我会一个一个叫他们讲讲他们的感受，这个你去过吗。你要帮他们顶起来呀，你不帮他们顶起来，噢，这个参加过了就参加过了，他又没什么感觉，你要帮他们这个描绘得很好，给他们向往，就是人有向往了你才有精神支柱。（阳光心园负责老师 A－20171124）

社区康复者在社区参与中获得了自信心和自我价值感，似乎是推进了社区康复者的赋权过程，但是深入考察不难发现，这种自信心的增长和自我价值感的提升实际上对于社区康复者的赋权过程贡献有限，对于其回归社会的推动作用也比较小。目前社区康复者的社区参与并不是他们在已经恢复权力的基础上的自主选择，而是仍处在弱权状态下的被安排。

> 前两个月嘛，不是到另一个街道阳光心园学跳舞嘛，后来这边的医生叫我天天做咖吧，所以把那个给推掉了。然后本来那个 8 月 7 号（日）开始，不是参加市里面的广播操比赛嘛。本来到另一个心园的话，是每个礼拜训练三次。但是后来的话，跟这边医生商量，他还是跟我说就去一次，以这个咖吧为主，对，服从领导指挥。（精障康复者 L－20170727）

这种被安排虽然能有效增进参与其中的社区康复者的自信心，其中表现比较好的精障康复者甚至能感受到自我价值的实现。但是，他们也明白，获得这种自信心和自我价值感满足的前提是待在目前的社区精神康复体系和职业康复项目当中，特别是对于三位精障康复者而言，一旦脱离这一体系，在社区生活中和工作中所获得的自我实现的满足感的落差会很大。

> 反正我要感谢阳光心园，真的要感谢阳光心园，没有它我肯定发得很厉害的，因为我的症状就是一个人坐在那里就是狂想，就是我不和人家交流的。我也不和你说话，我也不打你，我也不骂你，但是我就坐在那里胡思乱想得很厉害。反正想得很恐怖的，反正就这样，在阳光心园嘛，很多人陪着我讲讲话嘛，我的思想分散了也就不去乱想了，然后就一天天正常了。（精障康复者 N - 20170803）

由于被安排的社区参与只是训练社区康复者在压力受到严格控制的环境中的参与能力，并不是他们在有权力的情况下自然进行的社区参与，因此离开压力受到严格控制的环境，他们并没有信心自己进行自然的社区参与。所以出现了本部分一开始提到的三位精障康复者社区参与更多，从中也能获得自信心的提升和自我价值感的满足，但是无法增进其对于自己生活的控制。并且，由于无法真正融入社区，也很难在社区中获得一个有价值的角色。

3. 精障康复者回归就业的困境与形成过程

以上在赋权理论视角下，详细梳理了分别作为赋权过程不断向成功推进（成功实现稳定就业和回归社会）代表的精障康复者 J 和三位赋权过程曲折（始终在职业康复项目和社区精神康复体系中徘徊）代表的精障康复者 L、N 和 Z 的康复过程。本部分将在以上梳理的基础上，概括出社区精神障碍康复者因为目前的服务体系所存在的问题，其回归社会和恢复就业所面对的困境，并指出这种困境形成的过程，试图在此基础上探寻突破的可能。

目前处在社区精神康复体系当中，并且也参加了职业康复项目的三位精障康复者面临这样一个困境：明明自身很努力，周围其他人也很支持自己的康复，并且康复过程也确实取得了一些成果，但是始终无法回归就业。对于这一困境，精障康复者 Z 和为其提供服务的工作人员提出了这样的解释：原来病情比较严重，现在外面社会竞争压力又大，还是应该在职业康复项目中再适应一段时间，等到时间成熟，自然可以出去。

匹配去社会上就业的话，现在还是不行的，如果一定要说出一个
度来，我觉得还是要再稳定稳定。（精障康复者 Z－20170919）

其实你说她真的好了吗，她很多方面其实还不够，还需要我们去
关注，去……去照顾，去关心，去看，去观察。那么这个，嗯……其
实说实话，一年不算短，十年不算长。那我们是就是做好我们自己的
有些东西，该推的我们可以推，但有些东西不能操之过急，就推。（精
卫工作人员 W－20170912）

当然，对于社区精神障碍康复者而言，足够的康复和适应时间是很重
要的，并且，到底需要多长时间才能康复是因人而异的。但是这并不意味
着可以把所有问题都推给不确定的康复时间。康复者 J 其实直到目前也一直
处于康复当中，比如他需要定期到 C 区精神卫生中心与社工和医生面谈，
每天还需要服用药物，并且为康复者 J 提供赋权服务的其实只有精卫工作人
员 E 一个主体，但是这反而为其提供了适切的赋权服务，使其能够对自己
的生活和康复进程有足够的掌控。以赋权视角去看待，虽然为精障康复者
L、N 和 Z 提供赋权服务的主体更为多元，但是由于这种服务是不适当的，
因此他们的赋权过程出现了问题，而这可能意味着他们会始终处于无权或
者弱权的状态，权力不足，无法真正掌控自我的生活，而家庭又不可能始
终提供稳定的支持，因此也很难真正回归就业。

而这种困境的形成过程与精障康复者 L、N 和 Z 整个准备回归社会和恢
复就业的历程有关。以下根据访谈资料提炼出几个关键概念，用以梳理和
分析赋权困境这个过程的形成。

从图 2 可以看到这样一个过程，即原本处于阳光心园（仅仅是在社区
精神康复体系）之中的社区康复者经过阳光心园负责人的评估，被认为是
基本稳定和有自主就业意愿参与以后，便会被推荐到 C 区精神卫生中心开
设的职业康复项目当中。而在社区康复到职业康复的整个康复过程当中，
与社区康复者相关的工作人员所使用的"逼"和"教"的模式都是贯穿始
终的，而在背后支撑这种"逼"和"教"的模式的是工作人员同情康复者
以及工作人员器重康复者。在经历了一定时间的社区康复和职业康复之后，
其中康复比较好的社区康复者会有下一步的进展。在本研究中的精障康复
者 L、N 和 Z 也确实在 C 区精神卫生中心的安排下进行了外出就业实习等实
际就业准备，其中精障康复者 N 还短暂在一家奶茶铺实际工作。但是最后

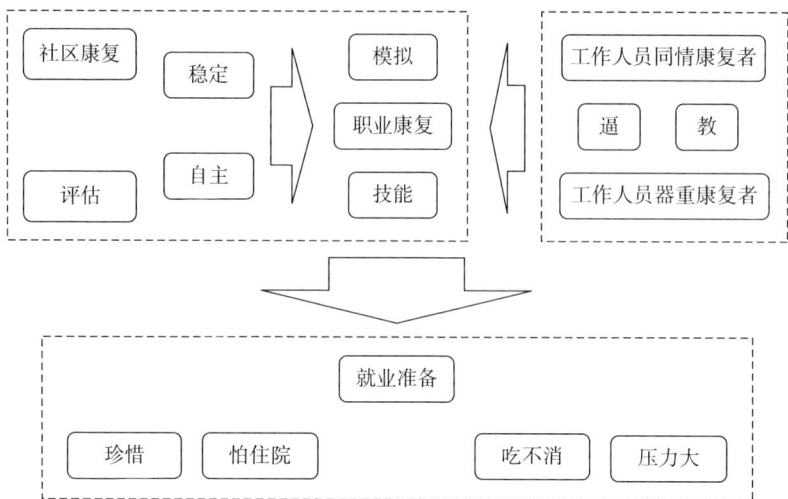

图 2 赋权困境形成过程

这些尝试都以失败告终，在这背后起作用的是这三位精障康复者认为在外面还顶不住压力，吃不消，而又害怕住院，同时很珍惜在社区精神康复体系和职业康复项目当中压力有限的环境。因此最终的结果都是回到社区精神康复体系和职业康复项目中，并且滞留其中。而比滞留更加令人担忧的是，三位精障康复者对自己最终能回归社会和恢复就业的信念也受到了严重打击。

> 现在我再叫她去，她说："我不去了，我已经很长时间都是这个状态了，你再叫我回到这个状态，我已经受不了了。"（阳光心园负责老师 G - 20171211）

上述已经提到，对于三位精障康复者而言，他们最初开始康复是被动的，而在康复过程中，由于始终处于地位不平等的"教"和"逼"的支持模式中，始终处于被动中，而没有形成自主的掌控力。这一点与精障康复者 J 可以形成对比，精障康复者 J 虽然没有办法参与更多康复活动，但是也正因为没有参与康复活动，与社区精神康复体系和职业康复项目保持了距离，反而形成了自主的掌控力，并且在医生和社工的适当支持下，逐渐获得了应有的权力。而获得对于自己生活的掌控的精障康复者 J，在实际就业环境中学习了就业技能，回归就业也更为成功。

另一方面，由于职业康复虽然同时训练就业技能，也模拟实际社会环境，训练康复者的人际处理能力等。但是实际上对于参与其中的社区康复者的训练更多是偏重于技能训练，而对于人际关系的处理和压力的应对训练不足，或者说没有找到合适的方法去进行训练。因此，他们的技能并不见得有很大缺陷，比如精障康复者 N 在奶茶铺工作时可以背会五十多种奶茶配方，却无法妥善处理同事消极怠工的情况，而是选择给自己加压力。

因此，当实际面临竞争性就业时，三位精障康复者都因为怕顶不住压力住院而出现了退缩。并且对于他们而言，退回到社区精神康复体系和职业康复项目当中环境更为熟悉，并且比起住院的无权状态来，滞留在社区精神康复体系中的弱权状态对于他们而言并不是最坏的情况。

虽然以上的梳理和论述对于社区康复者的回归社会之路并不乐观，但是也并不是完全没有改观的希望。笔者在 C 区的调查接近尾声之际，本研究中的精障康复者 L 获得了每周半天前往前文提到的某高档百货商店内的咖啡馆实习的机会。而在她实习期间会始终有更富经验和专业性的社工跟进，不定期的会当场进行实习后面谈，而面谈的内容更多涉及技能以外的压力情境处理，并且也会试图激发其自主的赋权动力。

三　结论和讨论

本文在赋权理论的视角之下梳理了目前 C 区精神卫生中心开设的职业康复项目存在的问题，并探寻解决问题的可能。

1. 研究结论

（1）康复项目目标与服务导致社区康复者缺乏关键能力

在实际的就业环境中，对于就业者而言有两个因素非常关键。一方面，就业者需要掌握当前职业所必需的相关技能或者具备一定的学习能力；另一方面，就业者需要有调节各种压力的基本能力。虽然目前 C 区精神卫生中心的职业康复项目确实能提供给社区康复者一定的技能培训，但是整个社区精神康复体系和职业康复项目对于压力环境是严格控制的，而所提供的模拟环境却又不足以训练社区康复者的抗压能力和调节各种压力的能力。因此，三位精障康复者在压力环境严格受控制的模拟环境中表现得十分好，但是一旦接触真实压力情境，还是会产生退缩的情况。

（2）赋权过程推进不顺利导致社区康复者失去自主掌控康复进程的可能

康复项目安排不当导致社区康复者无法获得就业所需的某些关键能力，但是它毕竟只是康复的选择之一。精障康复者 L、N 和 Z 也可能如精障康复者 J 一样选择不参加职业康复项目。但是因为他们的赋权过程推进不顺利，一直都没有形成自主的赋权动力，而赋权觉醒也不完全自主，因此应当有权力的观念无法形成，所以对于他们而言，始终滞留在康复项目中虽说不是最理想的，但也不是最差的选择。另一方面，尽管精障康复者 L、N 和 Z 所受到的支持并不适当，所得到的资源也并不是由自己掌控的有效资源，但是毕竟是获得了支持和资源，比之脱离这一体系，外出承担风险要好得多。因此，最终我们看到了他们在被安排之下也能够在社区中参与各项活动，并且由这些展示获得更多的资源的现象。

（3）康复项目规划不清导致无法为社区康复者提供适切的康复服务

虽然在康复项目具体规划中有提到要训练社区康复者的全方面能力，而在实际施行过程中也有相应的调整。但是实际上却无法为参与康复项目的社区康复者提供符合本身项目目标（帮助社区康复者回归社会和恢复就业）的适切服务，也无法使得处于无权状态的社区康复者重新获得权力。这与整个康复项目在规划时的不清晰有很大关系。这种不清晰的主要原因在于规划项目时只有一个模糊的大目标（要帮助出院的社区精神障碍康复者更好地回归社会和恢复就业），如何实现这一目标的操作过程也并不清晰（让他们在尽量接近真实的环境中去康复一下，应该慢慢就会好一点），而对于可能会出现的变化由于时间有限也并没有很充足的准备。规划不清的另一个表现则是对于参与其中的社区康复者可能会出现的不良反应预想不足，比如当尝试外出就业的康复者报告自己压力太大承受不足时，目前的康复项目无法对其状况进行准确评估并提供适当支持，一般会出于康复者安全的考虑建议他重新回到康复项目的庇护之下。最后，研究职业康复项目的类型可以发现，在 C 区精卫中心开设的职业康复项目当中，其实混合了职业康复和庇护工厂两个类型的项目，而在各街道自行设立的庇护工厂项目当中，却又希望社区康复者可以通过庇护工厂的项目回归正式就业。这种混乱会导致参与项目的各方（精卫工作人员、阳光心园工作人员和社区康复者等）本身的目标不清晰。

（4）社工需要更加系统地介入社区康复者赋权困难的问题

自 20 世纪 70 年代社会工作赋权理论开始发展起，社会工作本身就开始由"问题化"视角向"非问题化"视角转变。而社会工作更多地介入社区康复者的职业康复也确实起到了一定的作用，给原本始终无权的社区康复者的赋权过程带来了改观的可能。因此，社工应该更多地在社区康复者的康复过程当中发挥自身的专业优势，以帮助他们脱离目前难以赋权的困境。另外，社工也应当系统地看待社区康复者的问题，在前文叙述中，社区康复者受到的不当支持很大一部分来自家庭系统。服务对象家庭虽然不是提供赋权服务的主体之一，但也是与社工共同行动的重要伙伴，因此也需要争取服务对象家庭的配合。

2. 社会工作介入可能性的讨论

（1）推进精神障碍康复者赋权过程

虽然国内对于精神障碍康复者赋权研究十分有限，但是本研究中的精卫工人员 E（社工）为康复者 J 提供的服务可以为我们提供一些经验。

首先，社工必须明白，赋权并不是由服务者给予服务对象权力，而是服务者与服务对象一起努力，发掘服务对象的潜能，协助其重新掌握本该属于他的权力。因此，即使一开始精神障碍康复者只是被动获得赋权动力，社工也应当始终努力引导其获得自主的赋权动力。

其次，社工需要为精神障碍康复者提供适当的支持，并且为其链接有效的资源。社工也需要注意，精神障碍康复者所进行的社区参与是否对其赋权过程有正面作用，应当多引导其参与真正有助于其赋权过程的社区活动。

最后，社工应该认识到，对于精神障碍康复者的赋权过程而言，并非只有社工在起作用，而是与精神障碍康复者有关系的整个系统在起作用，因此社工在服务精神障碍者的同时也应当争取整个团队的协作。

（2）社工需要从精神障碍康复者入院起开始参与其康复相关的工作

目前由于人手不够和所属科室并不主要服务院内病人等原因，C 区精神卫生中心的精神卫生社会工作者一般是在精神科医生的转介下才会介入院内病人的康复过程。但是由于每一名精神障碍康复者的情况都不同，且都存在一定的复杂性，因此可能需要比较长的时间建立专业关系并且熟悉其情况，为其提供个别化的服务。而从入院便开始介入的另一个好处是，可以保证社工和精神障碍康复者充分讨论其出院后的计划。这对于精神障碍康复者出院后的社区康复有重要意义，并且保证其对于出院后社区康复计划的知情、参与，对于维持其权力不至于完全陷入无权状态，以及在之后的赋权过程中能够拥有自主的赋权动力和尽可能掌控自己的生活则更为重要。

在具体的介入方面，童敏认为社会工作介入方法要不同于精神科医生的工作方法，要将病人心理层面的需求和社会层面的需求结合起来应对，并且应该以精神病人的社会功能恢复视为主要任务。而李全彩（2012）指出社会工作应着重在帮助他们进行社会康复，特别是家庭关系的处理、人际关系的重建，并且帮助康复者进行生活技能的训练。笔者认为，除了以上两位学者所提到的，社会工作的服务还应介入与精神障碍康复者相关的社区精神康复体系中的工作人员，同时可以介入与此相关的志愿者管理。

（3）进行社会倡导，帮助精神障碍康复者维护应有的权益

在精神病人长期被污名的情况下，虽然近几年我国开始推动病情稳定的精神障碍康复者回到社区，但是社区精神康复设施的邻避效应也不可避免地存在，这其实并不利于精神障碍康复者的社区融入。在对于精神疾病患者诸多负面报道的情形下，社会很难立即广泛接受精神障碍者，而循序渐进又需要花太长的时间。但是在诸如需要调动社会力量参与、链接社区资源时，又不得不进行社会倡导。因此社工应该积极介入进行社会倡导，可以有效加快社会接受精神障碍者这一进程。

目前针对社会的宣传多是借助每年的各种关键时间节点，诸如世界精神卫生日等，展示精神障碍康复者的能力其实很强，正常人可以做到的事情他们也可以做到。但是笔者认为，这在某种程度上是南辕北辙。因为社会对于精神障碍者的排斥原因明显不是他们无法做到某些事情，而是误认为精神障碍者都会肇事闯祸，并且不用担负刑事责任。而社会工作的介入，首先是要找出原因，即社会到底因为哪些因素排斥精神障碍者，而后对症下药，进行社会倡导，逐步解决问题，保障精神障碍者的合法权益。

参考文献

陈树强，2003，《增权：社会工作理论与实践的新视角》，《社会学研究》第 5 期。

范斌，2004，《弱势群体的增权及其模式选择》，《学术研究》第 12 期。

江琴娣、昝飞，2011，《美国庇护式工厂的发展困境与出路》，《社会福利》第 1 期。

李全彩，2012，《精神病康复工作的社工介入》，《社会福利（理论版）》第 8 期。

王桢、曾永康、时勘，2007，《出院精神病患者的职业康复》，《心理科学进展》第 6 期。

熊文娟、李伦、雷江华，2014，《我国庇护工场的发展历程、优势及挑战》，《绥化学院

学报》第 4 期。

杨锃、陈婷婷，2017，《多重制度逻辑下的社区精神康复机构研究——兼论本土精神卫
　　生公共性建设的可能路径》，《社会科学战线》第 3 期。

杨锃，2019，《替代服务与社区精神康复的转向——以日本"浦和贝塞尔之家"为例》，
　　《浙江工商大学学报》第 1 期。

郑妙珠，2017，《系统视角下精神病康复者职业康复困境与出路——以广州市为例》，
　　《决策探索》第 12 期。

Bransford，C. L. 2011. "Reconciling Paternalism and Empowerment in Clinical Practice：An
　　Intersubjective Perspective." *Social Work* 56（1）：33.

Gutierrez，L. M. E. , Parsons，R. J. E. & Cox，E. O. E. 1998. *Empowerment in Social Work
　　Practice：A Sourcebook.* CA：Brooks Cole Publishing.

Lord，J. , & Hutchison，P. 1993. "The Process of Empowerment：Implications for Theory and
　　Practice." *Canadian Journal of Community Mental Health* 12（1）：5 – 22.

Parenti，Michael. 1978. *Power and the Powerless.* New York：St. Martin's Press .

都市社会工作研究　第 6 辑

第 60~72 页

© SSAP, 2019

留守儿童成长支持与学校社会工作服务探索

——基于江西某贫困县 B 村留守儿童调研

华红琴　张雯雯　李佩欣*

摘　要　20 世纪 90 年代以来，伴随着中国改革开放以及城市化进程的推进，大量青壮年农民进城务工，贫困农村空心化问题严重，由此造成的一个后果是形成规模巨大的农村"留守儿童"群体，他们的健康成长成为一个亟须应对的社会问题。本文以江西某贫困县 B 村为例，运用问卷调查、访谈与参与观察法收集资料，评估留守儿童环境支持系统以及生活状况，基于生态观，以社会化理论分析其成长困境，立足学校社会工作，探讨社会工作服务介入路径与方式。

关键词　留守儿童　贫困　社会工作

一　研究背景："空心化"农村中的贫困留守儿童

20 世纪 90 年代以来，随着中国改革开放以及城市化进程的推进，大量青壮年农民进城务工，留在农村的大多为老人、妇女和儿童，导致农村尤其是贫困乡村"空心化"。由此产生一个严峻的社会问题：农村规模庞大的"留守儿童"教育与成长问题。

---

* 华红琴，上海大学社会学院社会工作系副教授；张雯雯，上海大学社会工作系 2018 级研究生；李佩欣，上海大学社会工作系 2018 级研究生。

我国农村留守儿童数量庞大，留守现状具有"持久性"特征。全国妇联在 2013 年发布《全国农村留守儿童、城乡流动儿童状况研究报告》，数据显示我国有 6102.55 万农村留守儿童，留守儿童约占农村儿童总数的 38%，约占全国儿童总数的 22%，2016 年民政部首次公布我国农村留守儿童的排查数据，农村留守儿童总数为 902 万人，其中处于无人监护状态的留守儿童为 36 万人，约占 4%；处于父母一方外出务工且另一方无监护能力状态的留守儿童为 31 万人，占 3.4%；由祖父母、外祖父母监护的有 805 万人，占 89.3%；由亲戚朋友监护的为 30 万人，约占 3.3%。这些数据充分展现了留守儿童问题的严峻性。同年，国务院出台《关于加强农村留守儿童关爱保护工作的意见》文件，指出农村留守儿童同其他儿童一样是祖国未来发展的希望，他们需要全社会的共同关心。文件还提出了"关爱和保护留守儿童要完善农村留守儿童关爱服务体系、建立健全农村留守儿童保护机制、从根源上减少儿童留守现象以及强化农村留守儿童关爱保护工作保障措施"等意见。

党的十九大报告提出坚决打赢脱贫攻坚战，动员全党全国全社会的力量，坚持精准扶贫、精准脱贫，确保到 2020 年我国现行标准下农村贫困人口实现脱贫，贫困县全部摘帽，解决区域性整体贫困，做到脱真贫、真脱贫。为落实党的十九大精神，进一步贯彻民政部、财政部、国务院扶贫办《关于支持社会工作专业力量参与脱贫攻坚的指导意见》（民发〔2017〕119号）中提出的"实施社会工作教育对口扶贫计划"要求，全国社会工作专业学位研究生教育指导委员会（以下简称"教指委"）、中国社会工作教育协会决定联合启动"中国社会工作教育第二批百校对口扶贫计划"，通过服务实践，确保精准扶贫成效，切实推动中国反贫困进程。

笔者所在的社会工作系积极响应教指委号召，与江西赣县结对，开展教育扶贫工作，探索社会工作介入留守儿童服务。赣县隶属于江西省赣州市，位于江西省南部，属于贫困县，社工系 4 位老师带领 10 名社会工作专业硕士学生，于 2018 年 11 月进入赣县 B 村进行实地调研与社会工作服务实践。

二 研究方法

（一）社区概况

赣县白鹭乡位于赣县的最北端，有 1.8 万人，13 个村，1 所中学，1 所中心小学，4 所完小，若干教学点。B 村是一个保存最完好、最集中的客家古村落，有大小不等的堂屋、祠宇共 69 座，风格各异。

B 村民风淳朴，具有深厚的文化底蕴和浓厚的客家文化氛围，村子以钟姓为主，属于客家人的聚居地，至今仍保留了许多客家人的风俗习惯。B 村现有 560 户 2500 余人，其中近一半为低保户，即 276 户 700 多人。由于家庭收入主要靠外出务工，大约占到 80%，因此年轻人多奔赴广东、浙江等地务工，希望以此来增加家庭收入，改善生活条件，而留在家乡的多为老人与儿童，留守儿童占比高达 70%。

（二）研究问题

1. 留守儿童概念界定

本研究主要探讨社会工作如何介入农村留守儿童服务，因此首先有必要对留守儿童这一概念进行界定。2016 年，国务院印发《关于加强农村留守儿童关爱保护工作的意见》，将农村留守儿童定义为：父母双方外出打工或一方外出务工而另一方无监护能力，无法与父母正常共同生活的未满 16 周岁农村户籍未成年人。按照这一定义，留守儿童数量大幅下降。但本研究仍然采用之前大多数研究对"留守儿童"的更为宽泛的定义，即农村中父母双方或者其中一方流动到其他地区，儿童仍留在原户籍所在地并因此不能与父母双方共同生活的 16 周岁以下的儿童。在这一定义下，留守儿童的留守模式包括父母双方外出打工、父亲或母亲一方外出打工。

2. 本研究探讨的问题

本研究主要想探讨三个方面的问题。

第一，调查了解留守儿童生活状况，包括监护方式、亲子沟通、生活学习等方面。

第二，了解留守儿童对于"留守"这一事实的心理感受与态度，分析其成长需要与困境。

第三，思考与探索社会工作如何为留守儿童成长提供服务与帮助。

（三）具体收集资料方法

本研究通过留守儿童问卷调查，对乡镇与村领导、学校校长与教师的访谈，以及家庭访视与观察来收集资料。

1. 问卷调查

研究人员编制了留守儿童《生活学习问卷调查》，分为两部分内容：一是留守儿童的生活状况与情感态度，包括基本信息、亲子关系与沟通、照顾与支持情况、学习与日常生活状况；二是抗逆力水平测量，选用田国秀、向小平等在《青少年抗逆力测量（CYRM－28）中文版》基础上修订而成的最新版本，共 27 个条目，该量表为 5 级评分，总分 135 分。

调查对象是托管中心和寄宿制中学的留守儿童，共发放并回收 131 份问卷，去除无效问卷 5 份，共获得有效问卷 126 份，有效率为 96.2%，其中女孩 66 人，男孩 60 人，年龄跨度从 7 岁到 16 岁，以 12～14 岁为主，然后运用 SPSS 统计软件对已收集的数据进行整理与分析。

2. 访谈法

研究人员到达 B 村后，首先与乡政府积极沟通与联络，与党委书记进行了访谈，了解关于乡村人口、经济、文化、教育等基本情况；其次，与村里的中学和小学进行沟通，与中学校长以及部分教师、中心小学校长进行了访谈，了解村里的教育资源、留守儿童的一些行为特征与表现等相关信息。

3. 家庭访视与观察法

在中心小学校长与老师的支持下，研究人员成功探访了村里 10 户家庭，10 名研究生 2 人一组，在放学后由老师引荐、孩子带领进入家庭探访，从而实现深入留守儿童家中，实地观察他们的日常生活环境，并与家长监护人接触。

三　留守儿童的生活状态与成长困境

（一）生物层面：留守儿童照顾与养育情况

1. 监护情况：隔代监护占主导，祖辈承担基本的监护责任

留守儿童的监护类型主要有三种：由祖辈抚养的隔代监护、由父母同辈人抚养的上代监护（包括单亲监护）以及自我监护。本研究调查显示，B 村留守儿童的监护方式主要是隔代监护，126 名参与调查的留守儿童中有 86 人由祖辈抚养，占 68.3%；其次是上代监护，占 31%，由留守在农村的父亲或母亲、亲戚、老师抚养；只有 1 个孩子与兄弟姐妹居住。

调查显示，祖辈与孩子的日常交流比较多，他们之间经常聊天的有 54 人，占 62.8%；有时候聊天的有 23 人，占 26.7%，表明祖辈与孩子之间有较多的日常互动；只有 10% 选择很少聊天。孩子们对祖辈的监护满意率高

达 87.2%；祖辈对于留守儿童的监护责任主要体现在生活照顾（64%）和道德行为指导（24%）。这说明，祖辈是关爱孩子的，对留守儿童能起到基本的生活照顾与道德行为约束作用。

2. 留守类型：父母双方均外出打工占主导

本次调查中，父母双方都外出打工的有 96 人，占 76.2%；其次是父亲在外打工母亲留守，有 25 人，占 19.8%；母亲外出打工而父亲留守的只有 5 人，仅占 4%。

3. 亲子沟通：父母比较关心孩子的学习与生活，但缺乏心理情绪关怀

此次调查结果显示，B 村外出打工的父母比较关心孩子，73.6%的家长会主动联系孩子，他们与孩子沟通的方式主要是打电话，其次是视频聊天，偶尔会发短信。可以看出 B 村大部分人与父母保持联系，联系方式以传统的打电话为主。对此，研究人员也进行了访谈，主要原因是寄宿制中学禁止学生带手机，一些小学生则没有智能手机，他们缺乏与父母沟通的条件与工具。如果有急事需要联系父母，往往通过老师来联系。1/3 的儿童的父母在外打工时间超过 5 年，处于长期留守状态。

在外打工的父母与留守儿童最多谈论的是学习问题（86.5%），其次是饮食、卫生、健康问题（77%）和安全问题（69.8%），对于心理与情绪则较少关注，仅占 21.4%。

（二）心理层面：留守儿童心理感受、生活态度与应对方式

1. 父母外出打工，对留守儿童造成一定的心理创伤

家庭是心灵的港湾，是儿童社会化的主要场所和途径，家庭环境是影响儿童人格形成和发展的重要因素。儿童正处于人格、情绪与行为成长的关键时期，父母的陪伴对儿童成长具有积极的意义。孩子对父母的需要是类似本能的需要，长时间与父母分离，会导致其心理需要无法得到满足。留守儿童对父母外出打工这一事件的心理感受，表现出以下几个特点。

第一，儿童对父母外出打工的心理感受是负面的，孩子受到一定的心理创伤。只有 9.5%的儿童感觉轻松，超过 90%的孩子感受负面，其中 54%的孩子感觉自己被抛弃或者感觉到痛苦，还有 1/3 选择无奈接受。

第二，儿童对父母外出打工的心理感受经历了被抛弃无助—痛苦—无奈的历程，随着父母外出打工时间的增长，儿童的被遗弃与孤独无助感降低，而痛苦与无奈感上升。

在父母离开初期，儿童有被抛弃感和孤独无助感，从表1可见，感到被遗弃、孤独无助的儿童中，有50.0%是父母外出打工时间在半年内的，还有23.1%的孩子感到痛苦，两者合计高达73.1%；随着父母外出打工时间的增长，孩子们的负面情绪加深，他们感受到痛苦与无力，被抛弃感逐渐转化为心理痛苦，选择"这是一段痛苦经历"的比例增加；当父母外出打工时长超过5年，孩子们认识到这一事实不可改变，其应对方式与防御机制出现变化，选择无奈接受，比例上升为37.0%，父母外出打工超过5年的44人次中，痛苦与无奈选项合计40人次，比例高达81.2%。

表1　儿童对父母外出打工的心理感受以及父母外出打工时长的影响

单位：人次，%

		留守儿童的心理感受				
		被遗弃、孤独无助	痛苦的经历	无奈	轻松自由	合计
父母外出打工时长	0~0.5年	8 (50.0)	12 (23.1)	17 (37.0)	6 (50.0)	43
	0.5~2年	5 (31.3)	14 (26.9)	11 (23.9)	2 (16.7)	32
	2~5年	1 (6.2)	3 (5.8)	1 (2.2)	2 (16.7)	7
	5年以上	2 (12.5)	23 (44.2)	17 (37.0)	2 (16.7)	44
	合计	16 (12.7)	52 (41.3)	46 (36.5)	12 (9.5)	126
		68 (54.0)		36.5 (29.0)	9.5 (7.5)	

2. 留守儿童压力应对方式有不同类型

应对方式是个人在面对挫折和压力时所采用的认知和行为方式，也可称为应对策略或应对机制。应对方式是一种稳定的行为倾向，可分为积极与消极的应对方式。积极主动的应对方式是利用自己的内部资源或者外部支持，帮助自己解决问题，抵御压力；消极被动的应对则是采用逃避、否认、压抑、幻想等方式，问题没有得到有效解决，久而久之还会成为一种稳定的习惯化的心理倾向，对儿童造成消极影响。

问卷中有一个问题：你有烦心事时，你经常怎么做？这是一个多选题，有9个选项：憋在心里不说、写日记、和同学或朋友说、和老师说、和父母说、和照顾我的人说、睡觉、上网、闲逛。按照积极/消极与内在/外在两个维度，研究发现留守儿童应对方式具有以下特点（见表2）。

第一，大约3/4的留守儿童能够采取积极的方式来应对压力，以寻求外部支持为主。当儿童有烦恼时，首先选择跟同学朋友倾诉（29.2%），其次是父母（15.8%）和照顾者（14.6%），三者合计约60%，可见同学、朋友在留守儿童的生活中占据比较重要的位置，发挥重要作用。也有一些孩子会写日记（10.3%），通过日记书写的方式来表达和宣泄自己的内心感受与情绪。

第二，教师对留守儿童的心理支持极低，只有2.8%的孩子在遇到烦恼挫折时会寻求老师的帮助。

第三，部分儿童采取消极的方式应对压力和烦恼（27.3%），有的孩子压抑自己内心感受，把烦恼憋在心里，不倾诉，也不寻求外部支持与帮助；还有的儿童用上网、睡觉、闲逛等消极负面方式转移压力和宣泄烦恼。

表2　留守儿童压力应对方式

单位：人次，%

	积极	消极	合计
内在	写日记　26（10.3）	憋在心里　46（18.2）	72（28.5）
外在	向同学或朋友倾诉　74（29.2）	闲逛　7（2.8）	181（71.5）
	向父母倾诉　40（15.8）	上网　10（3.9）	
	和照顾者说　37（14.6）	睡觉　6（2.4）	
	找老师帮助　7（2.8）		
合计	184（72.7）	69（27.3）	

3. 大多数留守儿童年少懂事，对生活学习持积极正向的态度

本研究数据显示，大多数留守儿童表示喜欢学习（90.5%），他们学习的最主要目的是上大学、将来找个好工作、减轻父母的负担（85.7%）。在家庭访视以及在学校中与孩子们接触过程中，研究人员深刻感到孩子们都比较懂事，一回家就做作业，赶在太阳落山前把作业做完——因为没有或很少开电灯；姐姐往往会照顾弟弟，好的东西都分享或优先给弟弟。

第一，家访案例1——笔者探访的一户家庭。姐姐五年级，弟弟三年级，爷爷奶奶有两个儿子一个女儿，子女都外出打工，爷爷奶奶照顾8个孩子，8个孩子睡在两个房间，4个男孩一间，4个女孩一间，屋内各放两张床。一回家，身高只有1.3米多的姐姐就踮起脚尖，拿出电饭锅，把锅里的剩饭舀出来放在碗里，然后再淘米烧饭，还监督弟弟做作业，自己也在昏暗的光线下做作业，不开灯。

第二，家访案例2——观察访谈记录。小勇同学，四年级，他有1个弟弟，一年级；父母均在广州制衣厂工作，平常寒暑假会到广州去玩几天，平常两兄弟的生活由奶奶照料，爷爷在老家务农。小勇学习成绩不是很好，学习也会有难度，平常一回家就写作业，因为没有电灯，要借着外面的阳光写，每天必须在日落前写完作业。在学校也有几个好朋友，平时会一起聊天；遇到问题并不会向老师提问，因为不好意思。生活方面会做力所能及的家务。

第三，家访案例3——观察访谈记录。一个10岁的三年级的小姑娘，小朋友是一个典型的留守儿童，她的父母都在广东打工，由爷爷奶奶照顾，跟别的孩子不一样的是他们都住在叔叔婶婶家。平时奶奶除了照顾她还要照顾叔叔家的两个弟弟（一个3岁、一个6岁）。小姑娘非常懂事，去她家的时候她给研究人员搬凳子，乖乖地在研究人员身边听研究人员说话，后来婶婶回来了连忙去写作业，她奶奶还告诉研究人员有时候她没时间，小姑娘都会自己洗自己的衣服，在家里非常听话，是个很省心的孩子……

从以上家访收集到的资料来看，B村民风淳朴，留守儿童年少懂事，他们小小年纪就懂得父母生活辛劳，理解父母外出打工都是为了更好的生活；他们在家里做着力所能及的家务，努力学习，遵守规范——尽管非常想念自己的父母。

（三）社会层面：留守儿童社区与学校环境

1. "空心化"削弱了社区邻里守望相助与邻里支持

守望相助是传统社区的本质特征，B村作为客家古村，在商周时期就已形成人居村落，具有悠久的历史文化。村子为钟氏南迁形成的，居民99%为钟姓，原本具有较强的宗族观念，较强的归属感和凝聚力，并崇尚"善"的文化传统。许多青壮年离开村庄外出打工，造成乡村的"空心化"，这样一个有着特色文化和资源的古村落，却呈现萧条景象，人烟稀少，村民间互动缺乏，邻里之间联系不强，留守儿童从邻居处得到的关心和支持不足。问卷调查表明，只有19.8%的孩子觉得邻居很关心自己，31%的孩子选择有些邻居关心，还有一半的儿童觉得没有或很少有邻居关心。另外一个调查问题"遇到困难会找谁帮忙"，仅有2.3%的孩子选择会去找邻居帮助。

2. 学校对留守儿童的支持有待提升

学校是影响儿童成长的重要环境系统，是儿童社会化的重要途径，当父母外出务工导致家庭功能不足、邻里互助弱化时，学校就成为留守儿童成长最重要的支持系统，如果学校系统能够承担更多的社会化功能，对儿童成长将起到积极的作用。

调研发现，留守儿童感受到的来自学校的支持比较薄弱，他们很少向老师和学校求助，对于"当你遇到困难时，你会找谁帮忙"这一问题，只有 8.7% 的孩子选择会找老师帮助；当儿童"有烦心事，经常怎么做"，也只有 5.6% 的儿童会找老师。

通过访谈了解到，B 村地处偏远，交通不便，教师人才难以留住，学校里大部分是年轻、刚分配过来的老师。按照有关政策，服务期满后这些老师可以申请调离，因此师资流动性强，年轻老师们在服务期满后就想方设法去县城或其他地方，这里的教师资源不足，尤其缺乏英语教师。学生考试成绩处于中下水平，不过学校硬件这块比较好，校舍、教学设备都是新添置的。由于年轻老师教学经验、与学生沟通以及教导引导学生的方式方法相对比较缺乏，一些惩罚性措施导致师生关系紧张，教师没有成为学生有力的支持力量。

四　社会工作服务介入路径：学校社会工作

学校社会工作是儿童青少年健康成长不可或缺的重要力量，在欧美等西方国家，学校社会工作已成为一种制度，是学校教育系统不可或缺的一个重要组成部分。从当前对留守儿童服务的方式来看，从学校入手开展服务，不失为一条重要路径。

（一）学校社会工作介入的客观基础：丰富齐备的学校资源

首先，研究人员介入 B 村开展留守儿童社会工作服务，是响应国务院扶贫办《关于支持社会工作专业力量参与脱贫攻坚的指导意见》（民发〔2017〕119 号）中提出的"实施社会工作教育对口扶贫计划"要求，响应全国社会工作专业学位研究生教育指导委员会、中国社会工作教育协会决定联合启动的"中国社会工作教育第二批百校对口扶贫计划"，开展教育扶贫。从学校层面介入，具有合理性与合法性。

其次，社会工作是一项在地化、实务化、直接面对面的工作，社会工作服务的实施需要具备一定的基础条件，遵循一定的原则与程序。通过前面的调研与分析，研究人员认为，学校社会工作介入是在 B 村开展留守儿童服务的最佳路径。B 村具有良好的学校资源，村里有四所学校：一所公办中学、一所公办中心小学、一所公办幼儿园、一所民办双语幼儿园，还有一个留守儿童托管中心。完备的教育体系与资源为研究人员"外来者"进入开展"教育扶贫"工作提供了便利。

最后，留守儿童都处于义务教育阶段，学校是留守儿童最集中的地方，村里还有一所寄宿制中学和一个留守儿童托管中心，这些都是开展学校社会工作的最佳地点。

（二）学校社会工作介入的现实需要：学生成长支持

通过访谈调研，研究人员发现，虽然近几年学校在硬件设施上已经有了很大改善，但是在教育理念、教学管理、校园生活方面，还存在不足之处，有较大的提升空间。

在教育理念方面，学校比较强调应试教育，主要围绕语文、数学等应试科目重点教学，一些副课则被挤压，体育、美术、音乐等学生喜爱的课程经常被主课占据；由于学校里英语老师资源短缺，英语课也受到影响，不仅上课周期短，还会因为其他一些因素被替代。

在教学管理方面，以惩罚性、强制性管理方式为主导，柔性管理与情感联结式微。寄宿制中学每天清晨早操时，广播里宣读前一天违纪学生姓名，如果学生违反纪律，批评、罚站等惩罚性措施是惯常的，研究人员每次去学校探访，都见到不少学生站在教室后面、教室外面，甚至教师办公室，这些都导致师生关系紧张，学生产生较多负面情绪。

学生课余生活单调。通过前期的问卷调查可以发现，走读留守儿童的闲暇生活主要是做家务、看书学习、看电视、闲逛。住读学生在学校里也是从早到晚读书、自修，缺少文娱活动、兴趣班社团等活动。

留守儿童的心理社会性发展需要。研究表明，一些农村留守儿童自卑心理严重，性格比较偏激、易怒，不喜与人交流，存在人际交往障碍。在学习上，厌学情绪严重，甚至会逃课、打架，出现行为偏差（马波波，2015）；在道德与行为规范方面，农村留守儿童由于长期缺失良好的家庭教育，道德感不强，因而违反规范的行为屡屡发生；在学习行为方面，父母的外出导致他们没有时间监督和辅导子女的学习而对孩子的学习产生负面影响，孩子的不良表现为不能自觉自律学习，学习动力不足（员磊，

2015）。农村留守儿童由于双亲常年在外，他们的情感需求无法得到满足，容易导致他们情绪波动大，产生叛逆、孤僻等心理问题，李连升、李铿采用症状自评量表（SCL‐90）对 466 名学生开展问卷调查，比较留守与非留守儿童的心理健康状况，得出留守儿童的心理健康水平低于非留守儿童的研究结论。在安全防护方面，大多数农村留守儿童自我保护意识薄弱，安全防范知识教育缺失，导致一系列安全问题（刘禹贤，2016）。

研究人员在调研中发现，中学学生们也存在一些上述所描述的问题，尤其是在行为规范、情绪波动、人际交往与沟通方面，需要得到支持与帮助。学校中有心理咨询室，也有一位老师分管心理辅导工作，但缺乏对学生开展常规性、系统性服务的心理辅导。

（三）学校社会工作服务开展思路与建议

1. 路径——嵌入现有学生服务体系与相关课程

学校社会工作的开展可以与现有学校中相关课程与学生服务体系有机结合，通过加强学生工作、创新学生工作方式与内容来开展留守儿童社会工作服务。学校有心理辅导室，也有一位老师分管心理辅导工作，学校社会工作可以与学校心理辅导工作有机结合，开展常规化、系统性的学生心理服务。

2. 方式——高校社会工作专业教师团队与 B 村学校教师建立辅导咨询机制

通过远程沟通，高校社会工作专业教师团队可以对当地学校教师进行支持与辅导，开展培训、督导、咨询等工作，同时，每年定期去 B 村进行实务指导与直接服务；在调研的基础上，制定工作方案与服务内容。

3. 理念——优势视角的成长支持

优势视角基于积极心理学基本原理，关注人的积极力量，强调人要满意地对待过去，幸福地感受现在以及充满希望地面对未来；注重挖掘个体积极特质，包括人际交往能力、爱的能力、勇气、毅力、宽容、洞察力等，引导学生充分认识自身潜在的积极因素，拓宽激发积极潜能的有效途径，通过积极营造环境，激发个体积极特质。最重要的一点是，要避免对留守儿童贴"标签"。留守儿童与一般儿童一样，具有相似的成长需要、青春期烦恼、情绪情感特质，从研究人员前面的调研结果来看，留守儿童虽然具有一些成长困扰与心理烦恼，他们也有很多优点，他们有上进心、独立生活能力强、自律、懂事，还会照顾弟弟妹妹。在学校中，开展"去标签"

的学生成长支持活动，充分尊重他们，维护其自尊心，有利于对留守儿童成长提供积极正面的影响。

4. 内容——链接资源，开展培训、督导、团辅、素拓和个案等专业社会工作服务

在教师层面，研究人员积极组织儿童青少年发展相关知识的讲座与培训，增进年轻教师对留守儿童心理情绪以及行为的理解，针对班主任工作答疑解惑，对年轻教师提供工作支持；提供人际沟通方面的技巧，改善教师与学生之间的沟通与关系。

在学生层面，运用社会工作实务模式与专业技巧，开展团体辅导、素质拓展以及个案服务，挖掘留守儿童自身潜能和优势，提高他们的自信心。连接更多的社会资源，选拔优秀学生来上海，让儿童走出乡村，见识和了解外面的世界，激发其学习动力，端正其学习态度。

学校是儿童重要的社会化场所，儿童期与青春期是个体成长最为关键的时期，道德观、人生观、价值观在这一时期形成，当家庭功能削弱，无法为孩子成长提供足够的支持时，学校应当增强、扩展其教育功能，促进儿童健康成长。

参考文献

丹尼斯·塞尔比，2004，《优势视角——社会工作实践的新模式》，李亚文、杜立婕译，华东理工大学出版社。

范明林，2005，《学校社会工作》，上海大学出版社。

《国务院关于加强农村留守儿童关爱保护工作的意见》，中华人民共和国中央人民政府网站，http://www.gov.cn/zhengce/content/2016 - 02/14/content_5041066.htm，最后访问日期：2019 年 3 月 17 日。

李连升、李铿，2019，《甘肃省靖远县留守儿童心理健康状况调查》，《疾病预防控制通报》。

刘禹贤，2016，《新型城镇化视域下的农村留守儿童问题研究》，硕士学位论文，沈阳师范大学。

马波波，2015，《农村留守儿童心理问题研究策略》，《西部素质教育》第 18 期。

潘泽泉、黄业茂，2013，《残疾人家庭个案社会工作——基于优势视角的干预策略与本土化实践》，《湖南社会科学》第 1 期。

员磊，2015，《农村留守儿童问题研究——岱岳区房镇村为例》，硕士学位论文，山东农业大学。

张光博，1989，《社会学词典》，人民出版社。

张和清、杨锡聪、古学斌，2008，《优势视角下的农村社会工作——以能力建设和资产建立为核心的农村社会工作实践模式》，《社会学研究》第 6 期。

周运清，2004，《新编社会学大纲》，武汉大学出版社。

Laura，R. Bronstein，& Julie S. Abramson. 2003. "Understanding Socialization of Teachers and Social Workers：Groundwork for Collaboration in the Schools." *Sage journals* Vol. 84. No. 3.

Michael S. Kelly Aaron M. Thompson Andy Frey Heather Klemp Michelle Alvarez Stephanie Cosner Berzin. 2015. "The State of School Social Work：Revisited." *School Mental Health* Vol. 7. No. 3.

Sandra，J. Altshuler，& Jennifer Reid Webb. 2009. "School Social Work：Increasing the Legitimacy of the Profession." Children & Schools. Vol. 31. No. 4.

都市社会工作研究 第 6 辑

第 73 ~ 104 页

© SSAP, 2019

联校服务和社会工作者的角色探究

蒋淑珺*

摘　要　20 世纪以来，社会的急速变迁对儿童青少年的成长产生了不可忽视的影响，学生问题不断涌现，已有的学校学生工作已经不能满足现实要求，各地开始积极探索学校社会工作，上海也在积极探索联校服务。本文从微观入手，对联校服务中社会工作者的实践状况进行研究，运用角色理论进行分析，得出以下结论。在联校服务开展过程中，学校、教师、学生与社会工作者对联校社会工作者的看法还是略有差异的，为了弥补这些差异，联校社会工作者在努力为学校提供直接和间接服务的过程中，不断体会自己的职责，强化角色领悟，以便能够更好地回应学校和学生的需求。但联校社会工作者在角色领悟及角色实践中仍然碰到了不少困境和限制，比方说自身专业水平低、社会工作者角色认同度不足、评估体系不完整、资金不足等，这些问题需要社工和更大的环境层面的相关人员共同解决。

关键词　学校社会工作者　角色期待　角色学习

---

* 蒋淑珺，江苏省无锡市跑者体育文化传播有限公司工作人员，研究方向为学校社会工作和青少年社会工作。

一 研究背景

（一）研究缘起

1. 研究的现实背景

新时期的青少年学生问题越来越多，并且已经呈现复杂性和多元性的特点，问题的类型也不仅限于学业，还包括心理健康、法律、经济等，这些问题如果得不到良好的解决，将十分不利于他们今后的人生发展，还可能会导致社会问题增多，诸如学生自杀、青少年违法犯罪等。从整体来看，学校学生服务机制似乎已经发展得十分完善，可在实践的过程中仍存在许多问题，并没有达到理想的工作效果。首先，部分学校并没有建立起完善的心理辅导体系（沈黎，2004；李婷婷，2014）。其次，无论是辅导员、政教主任还是心理老师等，都是学校老师的身份，很难真正与学生建立起友好关系，从而更好地看待、处理问题。当下中国内地越来越多的城市开始了对学校社会工作的实践探索。

上海也是国内较早探索和发展学校社会工作的地区。2002 年，基于"学校社会工作可以对德育工作进行有益补充"的理念，浦东新区初次将学校社会工作纳入原有的学校体系中进行试点，标志着上海学校社会工作的启动（蔡屹，2006）。2005 年，为更好地在学校开展预防工作，闵行区借鉴发达国家未成年人保护经验和我国香港"驻校社工"的做法，推出了"社工联校"的工作制度，首次将工作对象延伸到 16 周岁以下的在校学生。《上海市重点青少年群体服务管理和预防犯罪工作实施方案》（沪综治委预青组联字〔2013〕4 号）在对工作内容进行安排时提出，"分类推进青少年事务社工联校和参与教育转化不良学生工作"。《上海市关于加强青少年事务社会工作专业人才队伍建设的意见》（沪团委联〔2014〕21 号）指出，从超前预防、临界预防、行为矫治、再犯预防四个层面"做实预防青少年违法犯罪领域"。一系列的政策文件呼吁社会各界积极配合，积极关注青少年的发展。

2. 研究的理论背景

关于学校社会工作，国外已经有比较丰富的研究成果（Laura and Abramson，2003；Sandra and Webb，2009；Lee，2012）。相比较而言，国内在这方面的研究成果匮乏许多。有学者认为，中国特有的学校学生服务机制虽然为专业学校社会工作的发展积累了丰富的经验，但彼此间仍存在诸多差异，应该设法运用现有的学校学生工作体系并将社会工作嵌入其中（许莉娅，2012）；目前，学校学生工作存在专业化不强、效果不佳等诸多问题，学校社会工作进行专业介入，一方面可以促进学生的全面发展和社会化，另一方面也可以推动学校社会工作自身的发展（王杨、陈树文，2012）。此外，针对介入困境、机制、逻辑、策略等研究不足的状况，有观点进一步指出，软性嵌入是将社会工作引入学校以优化学校德育教育的有效介入策略（张大维、郑永君，2015）。

从社会角色理论的角度展开对学校社会工作的研究，笔者通过查阅文献，发现相关资料极为有限。胡艳红（2008）认为学校社会工作者的角色冲突，一方面是角色内的冲突，与角色定位不明确、专业教育程度低，以及学生、教师、学校有不同的角色期待有关；另一方面是角色间的冲突，主要归因为扮演角色较多，与学校体系内工作人员的冲突，等等。

苗艳梅、杨倩（2010）指出，学校社会工作者在服务过程中面临透明人、杂务工、心理老师等角色模糊和角色混淆引发的角色冲突，究其原因，是社会对学校社会工作者的角色期望不够明确、高校社会工作专业教学实践的脱节等，从而影响了社会服务效果。

陈天柱、苏祥（2012）以学校社会工作的相关实施理论为依据，结合对灾区学校社会工作者及服务对象的访谈，运用社会学的角色理论，分析了灾后学校社会工作者角色不清的原因，从而对灾区学校社会工作者的角色进行定位，包括情感支持者和资源链接者、沟通者和协调者、教育者和改变者、变通者、合作者和使能者等。

回顾以往国内对学校社会工作的研究，学者们已经普遍认识到原有德育工作的功能局限性，学校社会工作的理念、方法得到认可。因此，关于学校社会工作的研究也大多围绕学校社会工作的意义、目的、模式等内容展开，对具体学校社会工作实务的探讨主要是研究者对自身实践经验的总结和反思，进而提出该领域内某个问题适合的解决方法。

在阅读文献时，也有少数学者已经运用角色理论分析学校社会工作者所面临的角色冲突，其中对于社会其他群体对学校社会工作的角色期待稍有所提及，但是学校社会工作者对自身的角色领悟几乎没有涉及，可以说还留有空白。所以，本文的研究方向是首先从机构、学校角度了解他们对学校社会工作者的角色期待，其次了解社会工作者自身的角色期待和角色学习，最后了解他们在实践过程中遇到的困境，以期能够更为细致、生动地了解学校社会工作者。

（二）研究目的和研究问题

本文试图通过对联校服务中社会工作者的角色扮演进行研究，深入了解学校、机构等各主体对社会工作者的角色要求，社会工作者对自身的角色认识，以及角色实践遭遇困境的原因。旨在能够对联校社工角色扮演过程做一个探索性的研究，一方面能够为其今后的角色实践提供一些有益的建议参考，使他们能够更好地提供优质的社会工作服务；另一方面能够对推动学校社会工作的发展起到辅助作用。

因此，本文具体探讨以下几个问题。

第一，联校背景下教师、学生对社会工作者的工作有何要求？

第二，社会工作者在联校服务中是如何看待自己的角色，并进行角色实践的？

第三，角色实践过程中出现了哪些困境？原因是什么？

（三）概念界定

本文在讨论过程中，经常需要涉及一些重要概念，所以有必要先对它们予以界定。

1. 学校社会工作

《美国社会工作百科全书》对学校社会工作的定义是运用社会工作的理论与方法，以实现学校的主要目的，而学校的主要目的乃在于为学生提供教与学的适当环境，以协助学生能为现在所居住的世界及未来可能面对的世界做好准备（林胜义，2008）。在美国，学校社会工作者通常与学校领域的其他专业人员，特别是学校心理学家（school psychologist）、学校辅导员（school counselor）一起合作，共同为学生提供服务，但他们彼此之间又有所区别（见表 1）。

表 1　学校心理学家、学校辅导员和学校社会工作者的区别

	学校心理学家	学校辅导员	学校社会工作者
基本观点	心理观点	教育观点	社工观点
工作取向	治疗取向	问题取向	发展取向

	学校心理学家	学校辅导员	学校社会工作者
主要方法	诊断、测验、治疗	面谈、劝告、指导	个案、团体、社区

国内学者范明林（2007）指出，学校社会工作是社会工作者依据专业的理论和方法，在学校教师和管理人员的密切配合下，主要以学校为工作范围，以帮助学生解决问题和促进学生发展为工作重点，为学生、家长、教师及相应的学习环节提供服务的一种专业活动。

2. 联校社会工作

本文参照上海市社区青少年事务办公室制定的《青少年事务社工联校服务指引》材料，对联校社会工作进行以下定义："联校社会工作指的是社会工作者依据学校青少年的身心特点、动机需求、兴趣爱好，运用专业化、科学化、社会化工作理念及其方法和技巧，通过与学校、家庭、社区的良性互动，对与机构具有合作关系的本区（县）内中小学的在校学生，进行结对、扶持、帮助的工作。工作的服务对象以行为偏差生为重点，适当服务其他有需要的学生；服务目标是实现对未成年人的教育管理与服务，引导学生寻求个别化生活化教育，建立健全的人格，习得适应与未来生活的能力，帮助其健康快乐成长。"

二 研究方法

本文运用角色理论，分析和透视社会工作者在联校服务中的行为实践和关系调适，并由此思考社会工作的功能与改善方法。

（一）理论基础

1. 角色理论的基本观点

角色理论是关于人的态度与行为怎样被角色地位及角色期望影响的社会学理论（庞树奇、范明林，2011）。角色概念最初源于戏剧，人们很早便发现了社会与戏剧舞台之间的内在联系，即舞台上演出的戏剧正是人类社会的缩影，或者说社会就是一个扩大了的舞台。20 世纪 20 年代，美国社会学家、社会心理学家乔治·米德首次把角色的概念引入社会学和社会心理学领域，以分析个人在不同情境中的行为方式（周运清等，2004）。他在研究自我发展时提出，自我发展需要经历三个阶段：玩耍、游戏和概化阶段。

在这三个阶段的发展过程中，个人从最初简单"扮演"其他人的社会角色到同时承担多个组成一体的社会角色，最后发展为整体理解、明确社会角色并开始行动。在此之后，角色理论不断发展完善，逐渐形成了"结构角色论"和"过程角色论"两个分支。

结构角色论的代表是拉尔夫·林顿，他认为角色是由社会文化塑造而成的，角色是根据文化所规定的规范、标准进行的。结构角色论将社会看作由各类相互联系的地位组成的网络，个体在这个网络中扮演各自的角色。因此，角色是社会结构的构成单位，它是根据社会系统的需要而分配给个人的，如何使自己的行动适应这种分配是个体的主要任务（奚从清，2010）。

以特纳为代表的过程角色论认为，结构角色论存在对世界的看法过于结构化、忽视了人类常态互动过程等问题，认为角色论应当将重点放在互动的过程上而不要受社会结构的支配。因此，过程角色论从社会互动出发，关注在社会互动的个体间角色扮演过程中存在的一系列问题，包括角色期望、角色冲突等。

此外，作为社会拟剧理论的集大成者，戈夫曼将角色与规范相联系。拟剧理论阐述了他对社会互动中行为分析的认识，认为生活在社会中的个体处于多种社会角色的转换中，每种角色都对应特定的社会规制，个体在不断调整自己以适应不同角色需求的过程中表现出社会互动的戏剧性（庞树奇、范明林，2011）。

2. 有关角色的基本概念

（1）社会角色

1936 年，拉尔夫·林顿在他的著作《人的研究》中正式使用了"社会角色"这一概念，以研究社会。他将社会角色定义为"在任何特定场合作为文化构成部分提供给行动者的一组规范"（奚从清，2010）。在此之后，对角色概念努力做出界定的社会学家越来越多，国内外学者对其的理解和表述各不相同，但仍存在一些共同点：社会角色与社会位置、社会地位或社会身份密切相关；社会角色对应一系列角色期望，是一整套社会所规定或期待的权利、义务的规范和行为模式；这种行为模式是个人的，它有赖于个体的认知和实践能力；社会角色是社会关系的基础。

因此，综合诸多观点，社会学意义上的社会角色就是指由人的互动行为所表现出来的特定社会地位、身份所决定的一整套权利、义务的规范和模式行为，既指人们对具有特定地位和身份的人的行为的一种期望，也指人们的相应行为是构成社会群体和社会组织的基础，并随着社会实践的发展而不断更新内容（周运清等，2004）。

（2）角色扮演

角色扮演是一个动态过程，指的是人们用自己的主观能动性，认识自己所处的特定地位和情景，并据此做出行为反应的过程，通常包括角色期待、角色学习、角色实践三个方面（乐国安，2006；周运清等，2004）。

角色期待是指社会或群体对特定角色行为的要求（周运清，2004），包括信仰、期望、主观的可能性、权利与义务的实现等。任何角色都意味着一整套与角色扮演者的身份、社会地位密切相关的行为模式，一旦扮演者确定了要扮演某种角色，就要按该角色的要求行动，同时社会也对该扮演者提出相应的角色期待（庞树奇、范明林，2011）。角色期待的主要功用在于使角色行使者明白自身的权利与义务，即角色学习。它是形成社会结构与角色行为之间关系的桥梁（奚从清，2010）。

角色学习是角色实践的基础和前提，是指社会成员掌握社会理想角色的行为准则、技能，提高角色认知水平，缩短与理想角色之间差距的过程，它包括两个方面：角色领悟和角色技能（乐国安，2006；奚从清，2010）。角色领悟是角色扮演者对自己扮演的角色的理解，是自我对角色的认知形态，包括角色地位、义务、行为模式、形象的领悟（乐国安，2006）。角色技能指的是为成功完成角色扮演应当具备的知识、智慧、能力和经验等，一般分为认识技巧和运动技巧。

角色实践是指担任某一社会角色的人根据社会或团体成员的期待，按照角色的特定要求所表现出来的实际行为。也就是说，角色实践是实现自己所扮演的角色，并表现为外部行为角色实现的过程，是主体适应环境和改造环境的过程（奚从清，2010）。角色实践是角色领悟的发展，通常两者是一致的，但有时也会受自身条件和环境条件的影响而产生一些差距。

（二）研究框架与思路

本文研究框架选取角色理论中的角色期待、角色学习、角色实践作为关键的分析视角，并在此定义的指导下以联校社工为具体研究对象开展研究（见图1）。

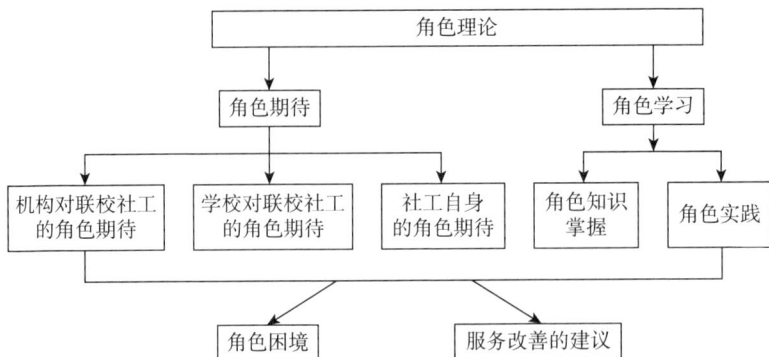

图1 本文研究框架

（三）研究方法

基于本文的研究主题，本文主要采取质性的研究方法，在查阅文献资料和观察的基础上，主要通过访谈来收集资料，具体的研究方法如下。

1. 参与式观察

本文还运用参与式观察，主要参与观察的地点及内容如表2所示。

表2 参与式观察记录

序号	时间	地点	观察内容	本人参与内容
1	2015.3.26	N小学	社工为家长组织的"好言好语"大型沙龙活动	协助社工布置活动场地、辅助社工引导家长互动讨论
2	2015.3.27	L中学	社工为学生举办的"彩云梦之行"的主题演讲活动	协助社工布置活动场地、对活动进行拍照记录
3	2015.4.29	N小学	社工为12名小学生开展的"绘出我心中的梦想"团体活动	协助社工布置活动场地、辅助社工开展破冰游戏
4	2015.5.28	P小学	社工为学生举办的"阳光同享、快乐成长"活动	协助社工准备活动道具、参与爱心助学结对的仪式
5	2015.9.18 2015.9.25 2015.10.16 2015.10.30	L中学	社工开展的学生"无忧成长小组"4节小组活动	辅助社工开展小组、对过程进行拍照记录
6	2015.9.17 2015.9.23	P小学	社工开展的"家长能力工作坊"2节小组活动	辅助社工开展小组、对过程进行拍照记录

2. 访谈法

本文选择访谈法作为研究资料收集的主要方法，依据研究目标，此次调查的对象共有 11 位，其中 7 名为 S 机构的工作者，2 名为学校老师，2 名为中学生。2 名老师所在的学校都已经开展了联校服务，2 名中学生也曾经参与过社会工作者在校开展的活动。被访者的基本情况如表 3 所示。

表 3　被访者信息

编号	性别	年龄	从事联校服务 时间（至 2015 年）	专业证书	身份	所在单位
被访者 A	女	42 岁	1 年	社会工作师	社工	Y 区 S 机构
被访者 B	女	32 岁	11 个月	助理社会工作师	社工	Y 区 S 机构
被访者 C	男	—	1 年	社会工作师	社工	Y 区 S 机构
被访者 D	女	31 岁	1 年	助理社会工作师	社工	Y 区 S 机构
被访者 E	女	34 岁	2 年	社会工作师	社工	C 区 S 机构
被访者 F	男	33 岁	4 年	社会工作师	社工	C 区 S 机构
被访者 G	女	43 岁	—	—	总干事	S 机构中心
被访者 H	女	35 岁	—	—	教师	L 中学
被访者 I	女	26 岁	—	—	教师	P 小学
被访者 L	男	12 岁	—	—	学生	L 中学
被访者 W	女	13 岁	—	—	学生	L 中学

三　相关方对学校社会工作者的角色期待

在"联校"这个"场域"中，由于行动者各方对社会工作的职能和规范都有自己的理解，因而各方对社会工作者角色有不同的期待，张力也由此产生。

1. 社会工作机构对学校社会工作者的角色期待

（1）机构负责人对学校社会工作者的期待

社会工作者进入学校，一方面，要在与校方达成共识的基础上，配合老师工作，对学生进行服务，将教育的优势发挥至最大化；另一方面，社会工作者要充当学校与社区之间的媒介，成为二者沟通的桥梁，以此将社区有助于学生成长的资源和学校教育整合起来以为学生成长服务。

> 我们和学校是一个利益的共同体，目标是一致的，都是青少年有一个更好的发展。我们要的是合作，与父母、与老师、与所在学校合作，包括联动外面的资源，实现"校社联动"，进而解决青少年在成长中遇到的问题，让青少年更好地成长。（机构负责人被访者 G）

但是，被访者 G 也很清楚目前社会工作和联校社会工作的状况尚不理想，其中的发展还有很多的瓶颈，尤其是社工和老师、机构、学校之间尚有许多观点和方法上的不一致甚至冲突。对此，被访者 G 的看法是：

> 现在 D 老师做得非常好，但是当她的社工身份和她的老师身份发生冲突的时候，她怎么办？当学生的需求和学校的需求发生冲突的时候，她怎么办？老师的考核、晋升、晋职都是在学校这一块进行的，是很难脱钩的，而且也很容易把社工推入伦理的困境中。所以，将来要有一个第三方的社会组织进驻学校，去做这样一些事情。（机构负责人被访者 G）

学校社会工作者在学校提供专业服务时，难免会遇到学生的需求与学校的需求发生冲突的情况，这时候就需要社会工作者站在公正的立场上进行关系处理。从之前浦东学校社会工作的探索经验来看，由自己学校老师转化成社会工作者的形式并不合理，所以机构特别指出，学校社会工作者应该是第三方的身份，而不应该隶属于学校，这样才能避免"社会工作者"与"教师"身份的重叠造成的伦理困境，从而保持价值中立。作为学校社会工作的提供者，学校社会工作者应该是具有社会工作专业文凭，或者接受过社会工作专业训练，并通过社会工作职业资格考试的专业人员（许莉娅，2012）。

> 现在虽然各个高校培养的社工专业人才很多，但是因为目前的薪酬制度、进程制度，以及其他各方面的制度等，真正从社工专业毕业后从事这个工作的人并不是非常多，所以现在我们要求大专以上学历，考进来以后，经过两年，需要实现持证上岗。如果两年以后没有办法持证上岗的话，我们将不予晋升，或者辞退……包括社工不少于 48 小

时的培训，还包括境外的培训，两周时间，基本上是跟着当地的社工去走、去做，去感受他们的社工文化。关于另外的培训，我们的社工分层级，有初级社工、中级社工、新晋社工，我们会根据他们入职的年限和需求进行分类培训。（机构负责人被访者 G）

（2）基层机构主管对学校社会工作者的角色期待

在 S 机构，学校社会工作者的具体业务指导、绩效考核和日常管理是由基层机构主管负责的，因此，基层机构主管也会对学校社会工作者提出要求。在笔者询问 Y 区联校工作的情况时，社工站负责人的这样一段话令人印象深刻：

> 现在的联校工作没有总体的规划，或者说把我们社工想要提供的一些服务和学校方面做一个比较明确的介绍，学校方面常常会感到困惑，社工到底能做些什么。让别人来给社工定位，又有点难度，因为他们对社会工作也不是特别了解。（社工被访者 C）

尽管这些更多的是描述了当前联校服务中存在的不足，但在最后还是表达了对社会工作者的期待。一个优秀的学校社会工作者不应该只是服务的提供者，更应该是一个好的管理者、策划人，要根据学校的需求制定适合发展的服务方案。这样的理念在之后的访谈中得到进一步证实，不过基于社会工作者的能力还有待提高的现状，主管也表示现阶段就希望社工能够主动挖掘服务对象的需求，他认为：

> 要求他们对基础工作建档，服务对象你服务完了之后不能"扔"了，你要后续跟进，你要经常进行反馈，你要不断积累这方面的一些经验、一些好的做法及评估，这样的话，你就可以把服务的一些模式、框架定好。（社工被访者 C）

2. 学校对学校社会工作者的角色期待

（1）老师对学校社会工作者的角色期待

①L 学校访谈资料呈现和分析

联校社工到学校进行实践首先要与学校老师进行沟通、联系，与学校老师的合作是专业服务开展的前提，因此老师对社工的期待和要求对今后具体实践的开展也会有指向作用。在问及 L 学校为何与 S 机构合作开展联校社会工作时，被访者 H 首先谈到了该校的学生情况：

> 现在大概 95% 的学生是外来务工者的孩子，其实一般来说，他们不喜欢学习，每个班大概有两三个学生是认真学习的。很大一部分原因可能是家庭条件差，一个小房间里住了四五个人，而且他们可能在家庭方面有一些小小的问题，例如父母离异等。（老师被访者 H）

学校也提到，虽然家庭的环境普遍不是很好，居住空间狭小，家庭成员多，但大部分的学生活泼健康，只是每个班会存在个别学生令老师感到困扰，例如有的学生行为问题比较突出，调皮、打架、惹事，还有的个性过于内向，不善交际等。

> 每个班大概有一个到两个人有很突出的问题，打架、不做作业，性格和行为上有点问题。老师们就希望他们能改正一些，哪怕对他们有一点帮助也好。（老师被访者 H）

面对这些学生，学校老师有时也会感到心有余而力不足。一方面，自身教学任务繁重，无法关注到更多学生；另一方面，受制于传统的师生关系，学生的抗拒心理也会使得老师的辅导效果不佳。因此，学校老师认为社工的身份优势可以给他们的学生学习增加力量。

> 学生有需要帮助和关注的诉求，但是老师受身份的限制，无法完全做到。首先他们（社工）的身份和我们绝对不一样，学生看到我们，肯定会有"老师"的帽子扣到我们身上。他们有些话都不愿意和我们说，但他们对社工，想说的可以敞开心扉说。（老师被访者 H）

上述访谈表明，联校社工的角色和老师是不同的，学校的教师希望社工因其身份优势能够更加被学生接纳，从而促进学生成长。在问及已经开展的服务成效时，学校肯定了社工在一些方面做出的努力。第一是资源方面，该校本身资源比较单一，而社工的到来在这方面给了学校很大的支持，让学生有机会走出学校，了解外面的世界，对将来毕业后要面对的现实社会有所体会。第二是在对学生的直接辅导上，部分学生的行为习惯有了明显的改变，但也希望社工通过更多元化的方式来进一步提供帮助。

> 在资源这一方面，社工给我们很大的帮助，学生常常会觉得反正我也不能去中考，到时候随便找个工作就好了，他们不清楚自己将来会面临什么。社工有一次带他们出去参观一个公司，这对他们还是有影响的。在社工与他们接触的过程中，我们会发现有些孩子改变了，有些孩子没有改变，我们寄希望于社工能够用一些其他的方法让孩子做出改变。（老师被访者 H）

上述访谈指出，学校教师希望有更多的方法和更多的资源帮助有需要和有困难的学生。

②P 学校访谈资料呈现和分析

P 小学非户籍学生数量相较于本地学生稍多一些，而这些非户籍学生由于学前教育的落后，没有经过系统的、集体的学习，上小学后，会出现适应性问题。在小学阶段，学生的学习非常需要家长的配合，但事实上该校的家长在学生教育方面的配合度并不是很高，因此 P 学校还是家长教育的特色学校，一直努力让家长走进教育，让学校的一些教育走进家庭。

> 我们的学生约有 60% 来自外地，他们属于那种学前教育比较滞后的。到学校来的很多一年级孩子在秩序感、纪律感和注意力上相对来说比较松散，另外现在上海的学习有很多需要家长的配合，外地的家长很难满足这个要求。我们这里的学生家长是很不配合的。（老师被访者 I）

依据学校学生的整体情况，老师进一步指出本校学生在秩序感、纪律感方面还是比较欠缺，而他们的学习行为不佳又会影响之后的学习发展，由此老师认为，学生的学习行为十分重要，特别是良好学习习惯的培养。在访谈中，被访者 I 说：

> 首先希望他重视学习行为，其实最重要的是学习行为习惯的改变，

这是居于首位的。如果说他们的学前培训少，学前知识相对比较落后一点的话，到后面你有好的学习习惯的话还是可以追上来的，但是在这方面我们学校的学生比较欠缺，所以我们这些老师也比较累，学习行为也不是特别积极。（老师被访者I）

从上述访谈可以看出，老师希望联校社工能够帮助学生改变行为习惯。

其实一开始在学校层面，校方领导希望帮助一些特殊儿童，就是可能有一些情况，一开始的智障儿童是随班就读的，不过到后来是由班主任推荐来的，很多都是在学习行为上有偏差的，影响到了纪律。（老师被访者I）

我们老师在教育过程中可能有居高临下的感觉，很多孩子对此是恐惧或者害怕的，不会打开自己的内心和你讲一些东西，无法平等对话，而社工可以做到这点。（老师被访者I）

从上述访谈发现，老师对联校社工的希望有两个方面。一是希望能对学习行为不佳的学生予以辅导和协助；二是希望可以用更加平等的角色给予学生支持，协助他们内心成长。

综上所述，学校及老师对联校社工的角色期待主要可以概括为以下几个方面：一是够协助校方和老师帮助问题学生，尽可能使他们有更大的改变；二是社工的身份优势能够使其更容易被学生接纳，从而促进学生成长；三是运用更多的方法和更多的资源帮助有需要和有困难的学生；四是对学习行为不佳的学生予以辅导和协助；五是可以用更加平等的角色给予学生支持，协助他们内心成长。

（2）学生对学校社会工作者的期待

在联校服务中，学生是学校社会工作者开展工作的最主要对象和群体。因此，了解学生对社会工作者的认识和期待显得很有必要。然而，在学校这样一个相对较为封闭的场所中，社工对于学生来说还是比较陌生的，学生不能形成对学校社会工作者的具体角色期待，这点笔者在对两位初中生的访谈中也有真切的感受，他们都是依据自己参与活动后的感觉回答笔者的问题，但从他们的只言片语中，笔者还是能够依稀捕捉到一些他们的真实想法的。

①学生 L（被访者预初年级）

J：你觉得这些活动怎么样？

L：好玩啊，可以躲避老师的"追杀"。

J：你就是为了躲避老师"追杀"？

L：对啊，老师会抓我。

J：那你觉得以后有这样的活动你会喜欢参加吗？

L：肯定喜欢啊，躲避老师"追杀"谁不乐意啊。

J：那你在这里除了可以躲避老师"追杀"，还有什么想法没？

L：耗时间，现在估计中午吃好饭以后老师就跑到教室里讲东西，我在这就不用听了，也不用做，多完美啊！

在这段对话中不难发现，"躲避老师'追杀'"是反复被提及的，学生会害怕学校的老师，进而将参与活动视为逃避中午学习的机会，把活动地点视为暂时的"避风港"，这样的认知虽然并不正确，但可以间接反映出相较于老师，社工对于学生来说是安全的，是不可怕的。

J：那你对开展活动的老师是什么感觉？觉得她们像老师，还是像姐姐呢？

L：不知道。

J：你知道他们是老师还是从其他机构来的吗？

L：其他机构啊，一看就知道，我姐告诉我，这些人基本不在学校，根本不会在这出现的。

J：那你有些话会跟他们说吗？

L：不会，我就是来耗时间的，顺便玩下，我才不会管这些，我的事我负责。

…… ……

J：参加活动你会希望怎么样？

L：希望带电脑，你知道我一回到家就干什么吗？换鞋、躺床上、打开笔记本电脑、点击"逆战 CF"，玩到 8 点再写作业，就这样。

J：你这些事情会跟老师说吗？

L：肯定不会和老师说的，估计我跟他说，他会说："啊呀！学什么呀！还玩游戏啊！打电话给你爸，把你笔记本没收！"肯定会这样说。

J：那跟社工老师说你不会担心吗？

L：我会非常担心。不对！我不会担心，因为他们根本不知道我爸妈电话号码，怎么打？

J：所以你跟他们还是可以说这些东西的，对吧？

L：对啊。

J：也不会担心他们跟老师或其他人说的，对吧？

L：对啊。

在这段对话中可以看到，学生虽然一开始就表示自己并不会对社工完全吐露心声，但在之后的回答中又表明会将自己的部分真实想法、真实状况告诉社工。在学生看来，社工并不是学校里的老师，自然也不会和家长联系，也不用担心自己的事情被其他人知道。因此，笔者认为这间接地说明社工在对学生服务时要遵循"保密"的原则，而"我的事我负责"则意味着社工要尊重学生的自我决定和选择，即"案主自决"。

②学生 W（被访者初一年级）

J：你觉得有帮助（指沙盘辅导）吗？

W：有。

J：能谈一下你的感受吗？

W：可以把心里的烦恼释放出来。

…… ……

J：你觉得她（社工）给你的感觉更像是老师还是姐姐，或是其他感觉？

W：是老师。

J：会跟学校里的老师带给你的感觉一样吗？

W：不一样。

J：能聊一下吗？

W：这个老师不凶，学校里的老师很凶。

J：那 Z 老师呢？

W：很温柔、很细心、很照顾我，会关心我的事情，像学习啊什么的，融入了我们的生活，跟她在一起很开心，不对，是有点开心。

J：你会比较喜欢和她相处吗？

W：嗯。

从这段对话中可以发现，社工进入学校依旧会被学生赋予老师的身份，但是又与学校老师相区别，社工更加亲和的态度让学生愿意和他们相处，使学生在辅导中也能释放烦恼，感受到快乐。

J：一开始的时候你知道自己为什么要来这里（指辅导室）吗？

W：不知道。

J：就是一开始会不会不想来，因为你不知道这个老师是谁或者别的什么原因？

W：不知道是哪位老师，也不知道老师为什么叫我。

J：所以一开始你是会排斥到这儿来的吗？

W：会有一点，会有点排斥、有点害怕，不知道干什么。

J：那接触之前和接触之后会有不一样的感受吗？

W：会不一样，有点快乐、有点开心。

J：那如果以后还有什么事情会想和她们说吗？

W：会。

J：平时你遇到不开心的事会怎么办呢？

W：听听音乐，玩玩手机。

J：如果现在有一个人这样来帮助你的话，你会愿意和他说吗？

W：会。

…… ……

J：那你会希望以后开展什么活动呢？比如你刚刚说喜欢听音乐，会希望有个活动大家一起参加，还是学习上有什么问题大家一起在这交流，或者是一对一的那种？

W：还是一对一吧。

J：你不喜欢人很多？

W：人太多了，话就多，听着烦。

从这段对话中发现，学生在接触社工前并不清楚自己参与活动的原因，所以会感到害怕，但在与社工接触后，这种排斥心理会消失，进而也会愿意和社工倾诉自己的烦恼，愿意接受社工的帮助。因此，笔者认为，对于学生来说，社工可以给予他们支持和帮助。

综上所述，学生对于联校社工的角色期待主要有以下几个方面：一是以更加亲和的态度和他们相处；二是尊重他们的选择和决定，为他们保守秘密；三是提供释放压力、缓解心情的途径；四是在他们遇到困难的时候可以给予帮助。

四　学校社会工作者的角色期待和角色学习

学校社会工作者是联校服务的实施者，他们在各种不同的角色期待"夹击"下努力前行，这个过程既有迷茫，也有自觉的调适。

1. 学校社会工作者的角色期待和角色领悟

（1）学校社会工作者的角色期待

在联校服务中，不同对象会根据自己的需求、理解，对学校社会工作者提出期待与要求，而作为真正开展工作的人来说，社会工作者在进行专业活动前也有自己的理解和设想。从访谈中发现，社会工作者认为他们要做的不仅是对学生偏差行为进行矫治，同时也要进一步处理好学校、家庭、社区等各个方面之间的关系。在访谈中，被访者 E 和 F 分别表达了他们的看法：

> 最开始让教委提供在校且有行为偏差的学生，因为我们想访问的是在校行为偏差生。老师那边其实有一份名单，标注了哪些学生是需要重点关注的，有逃学、小偷小摸类似的行为，希望学校能提供这份名单。（社工被访者 E）
> 现在学生的问题比较复杂，不单单是在学校里产生问题，更多的是在家庭和社区里产生问题，我们社工尤其要在家庭、社区这一块做一个补充力量。（社工被访者 F）

通过上面的访谈可以知道，被访社工认为联校社会工作者承担着以下职责：一是对在校行为偏差生进行辅导，二是帮助学校对家庭系统、社区系统进行改善。

（2）学校社会工作者的角色领悟

在上述角色期待的指引下，社会工作者在提供联校社会工作服务的过程中，不断体会和强化联校社会工作者这个角色，这个过程就是角色领悟的过程。角色领悟是角色扮演者对自己扮演的角色的理解，是自我对角色的认知形态，包括角色地位、义务、行为模式、形象的领悟。在这里，笔者认为，角色领悟是社会工作者在联校服务过程中对自己应该做什么的进一步体会。

第一，在学校，社会工作者最主要的责任就是给予学生支持，实实在在地为他们做点事，用心关爱需要帮助、遭遇困难的学生，促使他们全面成长。被访者 A 说：

> 我感觉联校社工不要是为了完成一些指标，而是真的为小朋友们做点儿事，帮助他们成长……要在乎他的全方位的、基于个性化的问题，促进他们全面成长。（社工被访者 A）

第二，在学校，老师对学生会有自己的评判标准，而老师衡量学生的依据通常是片面的，只关注成绩或者纪律，这与社工的评判标准不同，所以社工要做的就是全面、客观地评价他们，发现他们的优点，引导他们健康成长。对此，被访者 D 和 F 的看法分别是：

> 学校老师为什么把他推荐过来，就是因为他成绩不好、纪律不好，或者是家里管不住的，他们在老师的眼里是有问题的。在学生面前，你就是要让学生感觉你是一个大姐姐，是来陪他们玩的，然后在他们真的完成游戏以后，怎么引导他们去思考这个游戏给他们带来了什么，最主要的就是引发他们的思考。（社工被访者 D）
>
> 社工的专业要求是需要保持中立，所以我们也不会戴着有色眼镜去看一个学生……坚持助人自助，去发现学生其他的闪光点。（社工被访者 B）

第三，社工还特别指出自己与学校老师是不同的，有自己的指导思想，而且与心理老师、德育老师、团委固有的工作方法不同。学校老师有规定的教案，社工在学生工作上的思路更开阔，不受条条框框的制约，更强调学生的参与和互动，引发他们的思考，以寓教于乐的形式传递正能量。被访者 F 说：

> 如果是学校的老师，学生可能说话的时候要注意、要避讳，有些事情不想让老师知道；如果是第三方的老师，这些压力就会没有。我们在做的时候并没有学校的一些框架，我觉得我们比学校老师更开放，思路也更开阔，是站在让学生觉得寓教于乐的角度去做的。学校更多的是给学生传导成绩、正能量。我们也传导正能量，但更多的是强调学生的参与和互动。（社工被访者 F）

第四，在与学校老师、家长、学生多方进行互动的时候，社工要充当沟通的桥梁，让彼此间产生联系，将他们真实的想法进行传递，然后拉近相互间的距离，达成共同理解、包容的状态，甚至在家庭和学校产生冲突或矛盾的时候，及时介入，进行协调，缓解问题。

> 联校社会工作可以有效地充当学生、家长和学校间的沟通桥梁，社工可以上门了解家庭情况，因为我们不是学校的老师，所以家长也会愿意和我们说更多的想法。对学生来说，社工不是学校里的老师，也不是家长，所以有些话可以和社工沟通表达。（社工被访者 B）
>
> 现在因为学生的问题，家庭和学校之间有时候也会产生矛盾和冲突，而我们社工在这里面就起到了一种"桥梁"、协调的作用。（社工被访者 A）
>
> 帮助学校学生把各方面关系都建立好，主要从学校、家庭、社区几个方面入手，让他们之间产生联系，可能有助于他们缓解问题。（社工被访者 D）

第五，社会工作者认为，为了给学生营造更好的成长环境，还应该把自己的工作理念传达给老师，并且做好普法教育的宣传工作。

> 我觉得一定要能够有发言的机会，我要把这些理念，如关注孩子不是关注他的成绩，也许他各方面都完整，成绩自然就好了，等等，传递给老师。（社工被访者 A）

普法教育有可能是联校意义中最重要的一块，我们社工就是希望我们的孩子能够在一个法治的环境中健康成长，首先每个人都要尽这个义务去遵守法律，要做一个好的公民，这就是我们要做的一个联校工作。（社工被访者 D）

2. 学校社会工作者的角色学习

因为存在明显的角色期待的差异以及由此产生的张力，因此，学校社会工作者就需要努力地进行角色学习，包括角色技能和角色实践。

（1）学校社会工作者的角色技能

大多数的角色技巧是在社会化过程中通过学习得到的，它与人的生活经验和适当的训练分不开。因而，学校社会工作者专业知识、技巧的掌握程度与其经验的积累和工作的培训息息相关。对此，被访者 A、B、C、D、E 分别给出了以下看法：

我们隔一段时间会开联校团队会议，大家汇报一下各自工作开展的情况、进度，也会针对遇到的问题进行交流，集中分析探讨一下。开活动的时候，站长有时候也会过来看一下，提出一些建议，做些调整。（社工被访者 A）

机构会有一些培训，有时候会请一些大学的老师给我们上课，或者是专家座谈会之类的。另外，协会也会组织一些培训。但具体到联校这方面，培训其实还是比较少的，我们还是得"摸着石头过河"，大多靠自己摸索。（社工被访者 B）

技能方面的话，中心每年会举办社工技能大赛，以个案工作、小组工作、项目工作等为内容，也算是鼓励社工进一步学习的比赛。像今年的技能大赛还参考了 TED 演讲形式，主要让社工分享自己十年的心路历程和经验。（社工被访者 C）

就是大课的培训，即整个区的培训，不管你需不需要都要一起去，没有特别细的、个性化的培训。（社工被访者 D）

机构会有督导制度，一个是机构内的督导，在开展服务前都要进行工作申请，需要督导意见和领导批准。另外机构有时候也会聘请专家进行督导，提供一些专业性的指导和建议。（社工被访者 E）

通过上述材料可以发现，有关技能方面的培养，社会工作者主要有两种途径。一是社会工作机构提供的，包括工作会议、督导制度、专家培训、座谈会以及其他技能大赛活动等；二是社会工作者的自主学习和经验积累反思，包括本专业的课程学习和其他领域的知识学习等。然而，从访谈中也能得知，学校并未对社会工作者提供支持，具体到联校服务这个领域的专业知识和技巧来看，社会工作机构仍缺乏系统、全面的工作培训。

（2）学校社会工作者的角色实践

角色技能是角色学习的一个重要方面，然而，角色实践更是学习的核心环节，它的重要性在于能够协助行动者有效地调整角色期待和行动方向。对社会工作者而言，角色实践至少包括以下两个部分。

①直接服务

在这里，直接服务指的是社会工作者面向学生开展的专业服务，笔者依据访谈资料主要将其划分为行为及情绪辅导、资源整合性服务以及社区综合性活动。

第一，行为及情绪辅导。学生的行为和情绪将直接影响其在学校的表现和适应程度，严重的甚至会阻碍其学业发展，这也是学校老师将学生转介给社工辅导的原因。学校社会工作者常常会结合老师的需要和学生的特点，运用个案、团体辅导的方式对其进行辅导。

对行为偏差学生的个案辅导，被访者A谈了她的经历：

> 这样孩子有段时间又不肯上学了，不肯参加毕业考，孩子的爸爸、妈妈放任不管，认为交给我们了，就由我们来处理。孩子就把自己锁在屋里不见我们，后来告知他说，你不去上学，就作为我的协代，帮我一起开小组活动，在这个过程中培养他归属集体的感觉，让他觉得有成就感。这小孩子慢慢开始有笑容了，然后慢慢地有归属感，后来顺利地参加了毕业考。（社工被访者A）

对于情绪管理小组的社工服务，被访者F依据自己的经历说道：

> 当时针对孩子们的不良行为习惯，开设了情绪管理的课程。孩子们进来以后也很聪明，说知道自己为什么会过来，是因为调皮捣蛋。由于专业关系还没确立，我们一共花了一个月的时间，每周花一个小

时和他们闲聊，与他们建立信任关系，得到一些更具体的信息，一个月之后我们才开了第一节小组，小组的出勤率是百分之百。后来基本上 LS 中学这一块的工作就是以情绪管理这样一个自律班在做。当时我们选择了 5 个孩子，然后里面有 3 个孩子在第二个学期就离开了自律班，恢复到平时的拓展班，还有 2 个孩子依旧留在这边。（社工被访者 F）

第二，资源整合性服务。学生的需求逐步呈现多样化，有时学生也会因为缺乏某方面的资源而陷入困境，学校社会工作者在开展服务过程中，会及时观察、了解学生的情况，为其整合、联络、提供一定的资源，促进他们的个人发展。从访谈中发现，现在需要为学生寻找的主要是教育方面的资源，提供支持的可以是老师或者慈善机构，被访者 B 和被访者 D 是这样介绍的：

我们去年有一个就业的项目，职业生涯规划的一些活动放在了学校，主要是帮助这些还没有走向社会但是有这方面需求，而且对未来有一些焦虑的学生，可以说效果还是不错的。今年我们想进一步对接资源，帮助那些没有暂住证的，以及连职校都上不了的孩子。（社工被访者 B）

在开展联校服务的时候，学生中有不少对音乐感兴趣的人，所以我们社工就想整合各类资源。上学期以吉他弹奏为主题开展了小组活动，请音乐老师来专门指导学生学习一些乐理知识和弹奏技巧。通过一起对音乐的学习，学生之间的交流沟通变多了，也能互相给予支持了。（社工被访者 D）

第三，社区综合性活动。基于学生的身心特点，学校社会工作的方式不应该只是传统的说教，更重要的是将教育的意义增添到各式各样、积极向上的活动之中，促使其在活动中能够有所领悟、有所收获。区别于一般的社区活动，学校社会工作者鼓励学生为社区中有需要的人群服务，例如老人、残疾人等，积极参与社会事务有助于培养他们的公民意识和奉献精神。对于此类活动，被访者 B 和被访者 D 也有所提及：

　　这次我们又联系创智天地让学校去大学路参与义卖活动，目的就是引导他们懂得感恩、勇于承担和关心他人。（社工被访者 D）

　　中学呢，尤其是农民工子弟学校，到了初三，学生是没有升学考试的压力的，所以他们更多的是希望在学校和学生的层面能够多一些社区融入的活动。过去，我们曾经设计了走进社区、走进阳光之家、走进敬老院、走进大学等一系列活动，让学生们开阔了眼界，和社区中形形色色的人进行交往。（社工被访者 B）

②间接服务

学校社会工作的服务对象一般来说是在校学生，但并不局限于此，有时候还会拓展到学生家长。学生除了在学校里，在家庭中也要度过很长时间，家长教育理念、教育方法的不得当对孩子的学习成长也会产生很大影响。因此，从访谈材料可以发现，社会工作者也会运用自己的专业知识和技巧，为那些面临教育困境、不知道如何处理亲子关系的家长提供培训和指导。

　　关于如何运用方法对家长给予帮助，被访者 A 描述了这样一个事例：

　　这个家长特别焦虑，家长的行为情绪容易传递给他的孩子，所以这个孩子慢慢地会有一些排斥行为，在亲子方面或者人际交流方面会有很多的弊端暴露出来。我们选择先辅导家长，辅导家长的同时也是在调适孩子。（社工被访者 A）

　　对有共性需求的家长开展团体服务，被访者 D 根据自己的工作情况这样说：

　　家长沙龙只针对家长，主要是教育孩子的一些方式或者沟通的一些技巧和方法。家长工作坊涉及的范围比家长沙龙小，就是家长自愿组成的一个团体，针对的问题也比较单一。（社工被访者 D）

　　除此之外，学校社会工作者可能还会遇到学生、家长、学校几方面之间的冲突或者纠纷。此时，学校社会工作者就要平衡各方的需求。

上次两对家长打起来了，校长亲自来找我，"哎呀怎么办"，我了解情况后通过危机介入把这个事情解决了。（社工被访者 A）

由此可见，在联校服务中，社会工作者承担了多元化的角色，如辅导者、教育者、咨询者、协调者、资源提供者、组织者、宣传者等，为服务对象提供了较为丰富的专业服务，主要工作包括：运用个案、小组、社区等社会工作专业方法，辅导学生行为及情绪，为学生提供各种资源，组织各类活动，以促进个人发展，提升社区凝聚力；为有需要的家庭、老师提供必要的支持和咨询服务；必要时还要协调学生、家长、学校之间产生的纠纷。

三 学校社会工作者的实践困境

通过对访谈资料的分析发现，学校社会工作者在具体角色实践开展中遇到了不少困难，本文尝试对困境产生的原因进行分析，以期对联校服务中的社工实践困境有深入全面的了解。

1. 自身专业性水平欠缺

在不断开展专业性服务的过程中，随着服务专业性的增强和服务对象需求的不断增加，社会工作者会面临更多的挑战，但是当自身专业知识缺乏，服务技巧水平较低，不能满足社工服务的专业化需求时，就会陷入压力之中。对此，被访者 A、B、D 都谈到了各自的体会：

自己虽然有社工师、心理咨询师的资质，但没有实战的经验，遇到比较难的、复杂的问题，我自己也会很担心。（社工被访者 A）

有的学生我知道他有创伤，如果挖得深了，我没有能力修复这些怎么办，对他来说就是二次创伤。（社工被访者 B）

不足就是能力的不足，在和小朋友建立专业关系、进行沟通方面，由于年龄的差异，还是有一定困难的。（社工被访者 D）

从访谈中发现，学校社会工作者自身专业素质较低，主要表现为：设计、开展专业化服务存在困难、较为吃力，学校领域内有关社会工作的知识不足；帮助服务对象解决问题的能力较为有限。笔者认为，学校社会工作者自身专业水平有限的主要原因是社工专业培训欠缺，社工事务所不能及时对社工进行具体领域的专业培训及工作引导，导致其服务不能有效开展。除此之外，学校社会工作是个新兴领域，从事学校社会工作的社工都只是依据原有的工作经验"半路出家"。

2. 社会工作者角色认同度不足

在联校服务中，社会工作者属于机构的人员，虽然与学校合作，在学校提供社工专业服务，但人事关系不属于学校，这会使学校对社会工作者的工作支持力度小、学校老师对社工认同感低，不利于社工开展服务。

> 他们校长是支持的，但是校长经常不在，下面的老师是不知道的，对我们工作的理解度、配合度就非常低了。或者班主任根本就不认同你，或者老师不知道你是什么人。（社工被访者 A）
>
> 有一部分的老师是，你去活动，他不看也不管。可是学校开展创新课题时，就过来要资料。而且学校可能也会有一定的顾虑，觉得我们的联校活动是游戏体验类，这样的活动多了，班主任可能会有意见。（社工被访者 E）

此外，学生对社工不认同、不接纳，对服务理念的不理解，也会影响社会工作者专业服务的开展。被访者 D、B、E 如是说：

> DLY 的学生其实是不想来的，来也只是为不上课，他们不觉得自己有什么需要改变的，对自己现在这样的状态挺满意。（社工被访者 D）
>
> 我也有碰到过自我防御系统很强的学生，一开始见你的两次基本上对你是没有回馈的，后面几次他会回馈，但是你一听就知道他在敷衍你。（社工被访者 B）
>
> 对学生来说，在不占用下课时间的情况下还是比较满意的，可能他们对分享类的活动不是特别喜欢，更喜欢做游戏，做游戏时很投入，到分享类的活动时就会觉得很麻烦。（社工被访者 E）

笔者认为，认同度较低的原因除了社会工作本身专业化发展不足、宣传得不到位、大众对社工不理解等以外，还有一个很重要的原因：联校服务的形式。在联校服务中，社会工作者虽然在学校开展服务，但并不属于学校编制，老师对社工不认同，主要是因为觉得社工的服务没有明显的效果，或者相较于学习来说，社工举办的活动也不是十分重要的。

> 很多老师也是一种矛盾点，推荐的孩子都是学校里成绩很差的学生，她的目的就是通过沙盘能把这个孩子成绩提高……会经常听到班主任说："他又没什么改变咯，做不做无所谓，不用做了。"（社工被访者 A）
>
> 也碰到很多问题，比方说期中考试之后的那节课被取消了，因为很多孩子成绩不好，班主任不允许他们过来，先把成绩搞好了再来参加这个课程。（社工被访者 F）

著名心理学家马斯洛的需求层次理论认为，归属和爱的需求主要是希望能够得到周围群体的包容和理解，是人内心深层次的需求，只有满足了这一需求，人才有可能自我实现。笔者从访谈中发现，社会工作者在学校内缺乏归属感，这会影响到他们的工作激情与积极性，甚至影响到专业服务的开展，对今后学校社会工作的发展是极为不利的。

> 我觉得讲怎么样能够真的融入这个环境，其实也蛮尴尬的，我确实不属于它的编制，也不可能真的让它把我当作自己人。但是如果它不把我当作自己人的话，第一，我工作难开展；第二，影响我自己的情绪，因为我觉得自己不属于这……（社工被访者 A）

3. 评估体系的缺失

服务评估体系对服务开展次数、涉及人数、服务开展效果、服务对象评价等都有所涉及，是评价社工服务开展状况的最有效量表，有助于帮助社工发现问题，督促社工开展有效的专业服务。笔者从访谈中发现，S 机构作为专业的机构，已经对机构成员日常考核建立了较为明确的评估体系，但仍有缺陷，即使社工已经存在项目评估的意识，也未能真正落实，进而起到总结反思、提升服务的作用。

> 考核最直接的一个指标是，规定的那些你有没有完成，还有就是看你做得怎么样。（社工被访者 B）

> 我们现在仅仅是每次活动以后自己设定一个满意度调查表，让服务对象填写，没有专门评估的一些东西。这是一份只有很简单的几个打分题的调查表，仅仅是每一堂课的，总体的没有，年度的评估也没有。社工站里面有没有就不太清楚了，好像也没有。（社工被访者 E）

此外，作为社工最主要的服务场所，学校的评估反馈也极为重要。然而，在问及学校是否有评估的时候，社工都给出了否定的答案，有关这方面的内容，被访者 D、E、A 还进一步给出了这样的描述：

> 我先不说评估标准，但每个人都有想法，校长不用做什么评估，但他有主观的想法，可以觉得你好还是不好……学校可能会觉得你挺辛苦的，但是如果你不能给它带来什么东西，照样不认可你。（社工被访者 D）
> 当时精卫中心要做抗逆力，找了一些我们这边的社工，给他们开展一些情绪上的活动。然后，到放寒假的时候还做了一个冬令营的活动，但是活动结束的时候，精卫中心觉得整体效果也不大，所以只合作了一个学期就没有下文了……FD 那边的学校评价也不是很好。具体原因我就不是很清楚了。（社工被访者 E）
> 付出的努力和学生获得的改变本来是值得我骄傲的，但因为衡量标准不一样，有些班主任的评价让我寒心。成功的部分也可能会被校方认为是没有价值的。（社工被访者 A）

由此可见，学校缺乏对社会工作者以及服务开展情况的评估，这对学校社会工作者的专业素养、服务专业化等方面的发展是极为不利的。

4. 服务经费有限

从访谈中可以发现，在联校服务中，虽然社会工作者在学校里提供服务，但学校并不给予资金支持，而社工能够得到的支持主要还是来自机构。

> 联校工作所需的资源希望得到学校的支持，我碰到的问题就是：如果搞活动需要出费用，学校就不愿意；如果不出费用，学校就很支持。（社工被访者 B）
> 首先是人手不够，我们现在只有四个社工，力量还很薄弱，全靠

自己的能力拼命地在闯。其次也没有任何的资金，我们这边就等于是做雷锋。（社工被访者 A）

项目开展资金是团区委给的。其实经费不算多，而且所谓的给予经费支持，现在已经十月份了，资金还没到位，全部都是我们社工自己垫的。（社工被访者 E）

笔者认为，资金也是服务开展的重要条件，社会工作者需要为服务对象提供各种形式的活动，没有充足的资金保障，联校服务的开展就会受到限制，同时也会影响学校社会工作者提供服务的质量。

四　总结

（一）研究总结

行文至此，可以对上述研究做一个总结，具体如下。

第一，在联校服务过程中，学校、教师、学生与社会工作者对联校社会工作者的看法还是略有差异的。前者认为社会工作者可以运用身份优势尽可能地帮助部分有需要的学生，以区别于教师的身份与学生相处；后者认为联校社会工作者可以在学校、家庭、社区等多个层面提供专业服务，不仅服务于学生，还要将学生、学校、家庭、社会环境有机地结合在一起，合力促进学生成长环境的改善。

第二，为了弥补这些差异，联校社会工作者努力在学校提供直接和间接服务的过程中，不断体会自己的职责，强化角色领悟，以便能够更好地回应学校和学生的需求。

第三，联校社会工作者在角色领悟及角色实践中仍然碰到了不少困境和限制，比方说自身专业水平低、社会工作者角色认同度不足、评估体系不完整、资金不足等，这些问题的存在需要社工和更大的环境层面的相关人员共同解决。

（二）对策建议

1. 政府应制定更加完善的政策

学校社会工作的发展离不开政府的大力支持，政策法规的出台是最有力的保障。从美国、中国香港等国家和地区的成功经验来看，完善的法规、政策、社会工作制度，不仅能够为学校社会工作的开展提供良好的基础，而且能为社会工作者在帮助服务对象时提供有效的法律依据。此外，政府还应从各方面积极宣传学校社会工作服务理念，让更多的家庭、学校、社会大众了解社会工作者，提高对社会工作者的认同度。

2. 社会工作机构进一步完善培训、考核和管理体系

在联校服务中，社会工作者仍然是社会工作机构中的一员，机构全面的支持不仅能让社会工作者更加安心地投入专业服务中，同时也是对其服务质量的保证。因此，这就需要社会工作机构建立完善的考核、管理制度，在硬件、软件方面都要及时按需更新，特别是对社会工作者的培训，由于学校社会工作还是一个尚未完全拓展开来的新领域，因此更加细化、系统的培训是必不可少的。

3. 学校提高对学校社会工作者的认识

学校是社会工作者开展服务的重要活动场所，社工开展联校服务非常需要学校的大力支持和认可。学校应当重视学校社会工作，宣传、支持社工设计的专业服务，为服务提供必要的场所、工作人员、物资等，协助社工服务的开展。学校负责人、德育导师及班主任等及时与学校社工沟通交流，邀请社工参加与筹办学校有关的活动，听取并采纳社工必要的专业意见，共同为重点问题学生开设专题服务。此外，学校需要对社工服务建立一个较为完善的评估体系，用于评估社工服务开展状况、存在的问题、取得的成就等，有助于提升服务的有效性，也有助于社会工作者自身专业水平、成就感、归属感的全面提升。

4. 学校社会工作者提升专业素养

由于国内的学校社会工作还处于起步阶段，实践探索也仅仅在部分地区展开，制度体系等的缺失使得社会工作者的专业身份无法体现，更是为社会工作者开展服务增加了难度。因此，许多研究者都积极构建学校社会工作的本土化模式，试图找出发展的新路径，更倡导将社会工作者纳入学校体制或者设立专职岗位。

在此，笔者更加强调社会工作者自身专业素质的提高，社工开展联校工作，专业知识、专业能力不可或缺。社会工作者在学校里提供服务，服务对象不仅仅是学生，有时还会拓展到学生家长、学校老师等其他群体，社工常常需要和方方面面的人接触，良好的沟通、人际协调能力是基础。学校老师也会将难以处理的个案交给社工负责，这就需要社会工作者具有优秀的实务能力。因此，社会工作者不仅要不断学习以提升自己的技巧，同时还要不断反思、积累经验，以待厚积薄发。

此外，联校社工是个新行业，有时其他主体并不清楚社工的角色，这就需要社工不断澄清自己的角色，只有努力使他们的期望值和社工的目标达成一致，才能相互支持和欣赏。如何把社工的身份优势发挥至最大化是值得社会工作者深思的问题。与此同时，社工也应该积极有效地探索适合学校社工发展的道路，成为好的政策倡导者。

参考文献

蔡屹，2006，《浦东新区学校社会工作本土化发展历程及经验反思》，《华东理工大学学报》第 2 期。

陈天柱、苏祥，2012，《灾后学校社会工作者的角色定位研究》，《教学与管理》第 15 期。

程毅，2010，《嵌入、建构、增能：学校社会工作视角下高校学生工作的功能拓展》，《中国青年研究》第 2 期。

范明林，2007，《社会工作理论与实务》，上海大学出版社。

葛俊、施碧钰，2010，《我国学校社会工作开展中面临的困境初探——以深圳市学校社工试点为例》，《传承》第 21 期。

管向梅，2004，《香港学校社会工作制度及其启示》，《社会》第 4 期。

胡艳红，2008，《角色冲突下的学校社会工作者》，《中华女子学院学报》第 1 期。

黄辛隐，2006，《日本学校社会工作现状及发展探析》，《苏州大学学报》第 4 期。

乐国安，2006，《社会心理学》，广东高等教育出版社。

李婷婷，2014，《优势视角下学校社会工作的本土化研究》，硕士学位论文，华中师范大学。

李文霞、刘芳、叶冬英、卫海燕、周芷霞、周爱华，2014，《地级市青少年心理健康现状的调查分析报告》，《时珍国医国药》第 2 期。

林恩·拜伊、米歇尔·阿尔瓦雷斯，2014，《学校社会工作：理论到实践》，章军译，中国人民大学出版社。

林梅、程毅，2009，《社会工作视角下高校辅导员的角色重塑与功能建构》，《学理论》第 24 期。

林胜义，1988，《学校社会工作》，巨流图书公司。

林胜义，2008，《社会工作概论》，五南图书出版股份有限公司。

刘宏森，2011，《上海市驻校、联校社会工作的现状与思考》，《中国青年政治学院学报》第 4 期。

苗艳梅、杨倩，2010，《浅析当前学校社会工作者的角色冲突》，《中国青年政治学院学报》第 5 期。

庞树奇、范明林，2011，《普通社会学理论》，上海大学出版社。

沈黎，2004，《关于我国发展学校社会工作的几点思考》，《上海青年管理干部学院学报》第 4 期。

孙锐，2012，《冲突与调适：国家在刑事诉讼中的角色分析》，中国检察出版社。

王杨、陈树文，2012，《学校社会工作介入高校学生工作探析》，《广西社会科学》第 1 期。

奚从清，2010，《角色论：个人与社会的互动》，浙江大学出版社。

奚从清，2012，《现代社会学导论》（第 2 版），浙江大学出版社。

肖云忠，2012，《社会学概论》，清华大学出版社。

许莉娅，2009，《学校社会工作》，高等教育出版社。

许莉娅，2012，《专业社会工作在学校现有学生工作体制内的嵌入》，《学海》第 1 期。

俞国良，2006，《社会心理学》，北京师范大学出版社。

张大维、郑永君，2015，《软性嵌入：学校社会工作介入德育教育的行动策略——基于武汉两所学校的社会工作介入实验》，《中州学刊》第 7 期。

张光博，1989，《社会学词典》，人民出版社。

周运清等，2004，《新编社会学大纲》，武汉大学出版社。

Leyba, E. 2010. "How School Social Workers Integrate Service Opportunities into Multiple Elements of Practice. " *Children and Schools*. Vol. 32. No. 1.

Lee, J. K. 2012. "School Social Work in Australia. " *Australian Social Work*. Vol. 65. No. 4.

Tower, K. 2000. "Image Crisis：A Study of Attitudes about School Social Workers. " *Social Work Education*. Vol. 22. No. 2.

Laura, R. B., Abramson, J. S. 2003. "Understanding Socialization of Teachers and Social Workers：Groundwork for Collaboration in the Schools. " *Sage journals*. Vol. 84. No. 3.

Leyba, E. G. 2009. "Tools to Reduce Overload in the School Social Worker Role. " *Children and Youth Services Review*. Vol 31. NO. 4.

Kelly, M. S., Thompson, A. M., Frey, A. 2015. "Heather Klemp. Michelle Alvarez. Stephanie Cosner Berzin. The State of School Social Work：Revisited. " *School Mental Health*. Vol. 7. No. 3.

Sandra, J. A., Webb, J. R. 2009. "School Social Work：Increasing the Legitimacy of the Profession. " *Children & Schools*. Vol. 31. No. 4.

都市社会工作研究　第 6 辑
第 105～123 页
© SSAP, 2019

校园欺凌：同伴群体的视角

高树玲*

摘　要　校园欺凌不仅发生在"一对一"（欺负者和被欺负者）的关系中，而且是一个群体过程。本文主要从同伴群体或社交网络的角度揭示校园欺凌发生的原因及校园欺凌事件中各方（欺负者、被欺负者、旁观者）的角色和行为。校园欺凌可以使校园欺凌者获得并维持在同伴群体中的高社会地位，维持内群体的凝聚力和同质性，维持群际社会认同。在校园欺凌事件中，扮演不同角色的儿童有不同的动机和行为：校园欺凌者希望获得社会地位和/或群体归属感，辩护者一般会为了自身利益而不愿为受害者辩护，受害者通常处于孤立无援的境地。笔者认为，制定合理的社会规范和制度、缩小贫富差距可能是减少校园欺凌的有效措施。

关键词　校园欺凌　社会地位　同伴群体

校园欺凌是一个普遍存在的社会问题，是犯罪的一个特定风险因素（Ttofi et al. ，2011）。在过去的三十年间，校园欺凌得到了越来越多研究者的关注。回顾以往的研究，笔者发现早期的研究者倾向于从个体层面将校园欺凌看作一种不适应行为。比如，Coolidge、DenBoer 和 Segal（2004）从

---

* 高树玲，上海大学社会学院讲师。研究方向为青少年社会工作、学校社会工作。

人格的角度发现校园欺凌行为与人格障碍、被动攻击型人格障碍、大脑执行功能缺陷和抑郁障碍有关；Crick 和 Dodge（1994）从社会认知的角度发现对社会信息的加工偏差可能导致校园欺凌；Troy 和 Sroufe（1987）则认为童年期的回避型依恋与儿童遭受校园欺凌有关。也有研究者探讨环境因素对校园欺凌的影响。Baldry（2003）发现遭受过家庭暴力的儿童更有可能在学校里欺凌同伴或受同伴欺凌。

从进化心理学视角来看，研究者倾向于将校园欺凌看作一种适应策略和群体过程。在 Volk、Camilleri、Dane 和 Marini（2012）的文章中，他们从进化心理学的视角论证了校园欺凌是对艰苦环境的适应，有遗传基础，可以促进青少年校园欺凌者实现与进化有关的躯体、性，以及社会支配地位的目标。而且，越来越多的研究者认为校园欺凌是一个群体过程，而不是只涉及校园欺凌者和被校园欺凌者两方。比如，Garandeau 和 Cillessen（2006）认为，校园欺凌是由校园欺凌者通过社会规范影响过程来操纵一个缺乏真正凝聚力的小团体而实现的。Salmivalli（2010）从同伴群体层面发现校园欺凌者的动机是获得高社会地位，校园欺凌持续发生的原因是辩护者没有真正发挥作用，以及班级有多个被校园欺凌者更有利于校园欺凌者的适应。Huitsing 和 Veenstra（2012）则从社交网络的视角揭示了校园欺凌群体过程中的内群体和外群体效应，并且发现在群际竞争中，不管是校园欺凌者还是受校园欺凌者，都受到内群体成员的辩护。

以往的研究为笔者认识校园欺凌提供了不同的视角和实证证据。本文旨在综述现有研究证据，从同伴群体视角论述校园欺凌的定义、社会等级和儿童群体、校园欺凌的功能、校园欺凌事件中扮演不同角色的人的态度和行为，以及制度规范的作用。

一 校园欺凌和儿童群体的社会等级

1. 校园欺凌的定义

尽管不同的研究者对校园欺凌有不同的定义，但是 Olweus（1993）对校园欺凌的定义被广为认可和采纳。他认为校园欺凌是攻击的一种形式，它的主要特征是权力大的一方故意、反复地伤害权力小的一方，而权力小的一方没有能力捍卫自己。这一定义有三个元素：权力不平衡（power imbalance）、有意性（intentionality）和反复性（repetition）（Olweus，1993）。

以往研究围绕欺凌双方（dyad）"权力大的一方"和"权力小的一方"探讨欺凌现象的成因及结果。随着研究的深入，研究者逐渐认识到校园欺凌是一个同伴群体（group）过程。本文主要从同伴群体的视角探讨校园欺凌现象。

2. 儿童群体的社会等级

纵观动物王国的各个物种，社会等级是一个普遍存在的现象（Grosenick，Celement and Fernald，2007；Cheney and Seyfarth，1990）。在不同的物种中，在社会等级上拥有权力和影响力的群体和个人往往会优先得到宝贵的资源，诸如食物、领地、配偶，而居于从属地位的个体可能期望得到社会等级地位高的人的保护和关心（Fiske，1992）。纵观人类历史，所有的人类社会都是以社会等级的形式组织的（Sidanius and Pratto，1993）；在这些社会中，至少有一个群体比其他群体享有更高的社会地位和权力（Pratto，Sidanius and Levin，2006）。居于主导地位群体的成员往往享有不成比例的正性社会价值（positive social value）、宝贵资源和象征性资源，比如政治权力、财富、武力保护、充足而美味的食物、好的住房、医疗保健、休闲设施和教育；居于从属地位群体的成员往往只能接受不成比例的负性社会价值（negative social value），比如劣质的住房、疾病、失业、危险而肮脏的工作、不成比例的惩罚、社会污名和诽谤中伤（Pratto，Sidanius and Levin，2006）。虽然在各个社会和同一个社会的不同阶段中，基于群体的社会等级组织的程度、严重性和定义基础不一样，但是以群体为基础的社会等级是人类社会的普遍原则（Brown，1991）。

儿童群体是人类社会的缩影。像人类社会的社会结构一样，儿童群体也是以社会等级的形式组织的。社会支配性（social dominance）是儿童同伴群体社会组织发展过程中最早、最稳定的维度（Strayer and Trudel，1984）。社会支配性指的是个体在同伴群体中控制资源的能力（Hawley，1999）。个体控制资源的能力是不同的，因此他们在群体中就拥有不同的权力。群体成员之间的这种权力差异被称作社会支配地位等级（social dominance hierarchy）（Hawley，1999）。儿童的社会支配地位与他/她的社会测量地位（sociometric status）是相关的，但不一定等同。Coie、Dodge 和 Coppotelli（1982）采用实验方法研究了三年级、五年级、八年级儿童的社会等级安排。他们将儿童分为五个群体类别：受欢迎的、被拒绝的、被忽视的、有争议的和普通的。处于低等级社会地位的儿童通常是被同伴拒绝的

（Hawley and Little，1999）。处于被拒绝地位的儿童比其他社会测量地位的儿童更容易受到校园欺凌（Goossens，Olthof and Dekker，2006）。

基于认可或使用强制型（coercive）和/或亲社会型（prosocial）策略以获取资源，可以把群体中的个体分为四种类型：强制型控制者（coercive controllers），使用强制型策略多于使用亲社会型策略；亲社会型控制者（prosocial controllers），使用亲社会型策略多于使用强制型策略；双策略者（bistrategics），同时使用强制型策略和亲社会型策略；两种策略都不使用的非控制者（noncontrollers）（Hawley，2003b）。使用强制型策略的儿童会很显眼（visible），也会让同伴感到不愉快；使用亲社会型策略且居于支配地位的儿童，尽管他们能有效竞争，但是他们往往受到同伴的尊重（Hawley，1999）。与强制型策略相反，亲社会型策略是间接的、长期的，一般来说能赢得正面的群体态度（Hawley，2003b）。相对于显眼的强制型和亲社会型儿童而言，非控制型儿童（比如，没有控制资源的动机）会被同伴网络忽略（Hawley，1999）。然而，不管是在他们自己看来，还是在他们同伴看来，双策略者似乎是非常有效的资源控制者（Hawley，2003a）。他们表现出了非常有吸引力的特质组合：精通世故、八面玲珑、善于操纵、隐蔽（隐蔽是指同伴报告他们的攻击行为，但是老师没有发现）攻击他人（Hawley，2003b）。

家庭所处的地位（比如，家庭社会经济地位）等级也会影响儿童在其同伴群体中的社会地位，进而影响儿童的身心健康状况。比如，一项关于北京流动儿童个体和群体歧视知觉对流动儿童主观幸福感的影响，以及内群体的群体认同感和群体地位感的中介作用的研究表明，个体和群体歧视知觉与流动儿童的主观幸福感、内群体的群体认同感及群体地位感之间存在显著性相关。个体歧视知觉对流动儿童的主观幸福感存在直接、显著的负向预测作用，并通过降低流动儿童的群体地位感，间接地负向影响流动儿童的主观幸福感；群体歧视知觉对流动儿童的主观幸福感也存在直接、显著的消极影响，并同时借助于群体地位感和群体认同感的双重中介作用间接地降低流动儿童的主观幸福感（刘霞，2013）。家庭社会经济地位也会影响儿童认知能力和社会能力的发展，进而影响儿童在同伴群体中的地位。Galván 等（2013）的研究表明，在智利，正常儿童的智商差异很大程度上是通过社会人口统计特征进行解释的。需要注意的是，关于家庭社会经济地位对儿童在群体中的社会地位的影响，以往研究的结果并不总是一致的。

比如，陈斌斌、李丹、陈欣银和陈峰（2011）对流动儿童、农村儿童和城市儿童的社会能力发展的研究表明，儿童并不会依据相同的社会文化背景来选择同伴形成交往圈，而是愿意与不同文化背景的儿童交往，形成不同类型社会文化背景的同伴圈子。研究结果不一致可能是样本取样和儿童年龄导致的。

从社会等级的视角可以看出，人类社会是以等级的形式组织起来的，儿童群体已经具备社会等级的雏形。只要存在等级，就必然存在权力的差异。社会等级的组织形式和权力差异为校园欺凌的产生提供了客观条件。因为社会等级高就意味着拥有更多的优质资源，而校园欺凌是获得资源的一种手段，所以人们在资源竞争过程中（或儿童）就有可能采用校园欺凌这一手段获得更多资源。或者说，在等级形式存在的社会组织中，在资源有限的竞争中，校园欺凌是很难被彻底消除的。那么，群体层面上的校园欺凌的具体功能有哪些呢？

二　校园欺凌在社会等级结构群体中的功能

1. 帮助校园欺凌者获得并保持社会地位

人类社会是群体社会，人类的生存和发展离不开人类群体。所以，在群体中获得社会地位和归属感是人们想要实现的重要目标（Baumeister and Leary，1995；Huberman，Loch and Önculer，2004）。这也是儿童和青少年的重要目标（Sijtsema et al.，2009）。领头校园欺凌者常常通过校园欺凌获得并维持高社会地位（Cillessen and Mayeux，2004）。在同伴群体中，校园欺凌者特别是领头发动校园欺凌者（initiative ringleader bully）往往对高社会地位有强烈的动机（Olthof et al.，2011；Sijtsema et al.，2009），而且有能力实现目标，特别是通过操纵同伴群体达到目的（Garandeau and Cillessen，2006）。在 Adler 和 Adler（1995）的研究中，他们发现女生使用关系攻击来操纵和控制同伴以建立和保持支配性社会地位。Cillessen 和 Mayeux（2004）则进一步证明，使用关系攻击来控制同伴以建立和保持支配性社会地位的行为没有性别差异。而且，在他们的一项为期 5 年的对 10～14 岁儿童的追踪研究中，他们验证了社会地位和关系攻击的因果关系。结果表明，对男生和女生来说，初中阶段知觉到的受欢迎程度和关系攻击的关系（perceived popularity-relational aggression link）是双向的：关系攻击导致高的知觉到的受欢迎程度，知觉到的受欢迎程度也可以预测关系攻击。为了巩固现有的地位等级顺序，保持等级顺序中的高地位，居于最高社会支配性地位的同伴倾向于排斥、压制和边缘化居于最低社会地位的儿童（Lease，Musgrove and Axelrod，2002；Pellegrini，2001）。而且，随着时间的推移，校园欺凌者似乎需要借助校园欺凌"提醒"别的同伴，以便于保持他们的权力和影响力。Juvonen、Graham 和 Schuster（2003）的追踪研究为此提供了证据。结果显示，儿童是否参与校园欺凌与知觉到的被同伴认为自己很酷（cool）的变化是有关的：在秋季欺凌别人仅仅在秋季被认为很酷，在春季欺凌别人仅仅在春季被同伴认为很酷，而在秋季和春季都欺凌别人的儿童被认为在两个季节都很酷。

2. 帮助维持内群体的凝聚力和同质性

群体是有目标的，比如凝聚力（cohesion）和同质性（homogeneity）。凝聚力指的是整个群体中的人相互联系成为一个整体，同质性指的是在重要问题上群体内能达成一致意见（Bukowski and Sippola，2001）。在一个动态的群体过程中，欺凌某人可以帮助内群体实现或者保持凝聚力和同质性（Bukowski and Sippola，2001；Volk et al.，2012）。Owens、Slee 和 Shute（2001）发现，青少年女孩对他人间接骚扰的主要原因是"减少枯燥"和"制造令人兴奋的事"。也就是说，即使群体没有经历危机，欺凌他人也可以制造快乐，可能会促进群体团结和凝聚力。而当群体经历内部冲突的时候，为缓解冲突、转移目标，群体核心成员会操纵同伴不仅攻击外群体的成员，而且攻击群体内低地位的同伴（Adler and Adler，1995）。也就是说，这时候，外群体成员或低地位内群体成员就会被挑出来作为解决群体内部冲突的"替罪羊"（Dixon，2007）。正如著名的斯坦福囚徒实验所证明的一样，制造一个"替罪羊"可以产生强大的力量，既可以增强内群体的凝聚力，也可以增强对外群体的攻击力（Zimbardo and Boyd，2008）。而且，校园欺凌也有利于群体成员保持同质性，促使成员遵从群体规范，实现所作所为与其他人一样（Burns et al.，2008）。如果成员的行为与群体规范一致，那他们就很可能被保留群体成员身份（Ojala and Nesdale，2004）；相反，如果他们不遵从"领导"的要求，那他们就会面临被排斥出群体的危险（Adler and Adler，1995）。

3. 帮助维持群际社会认同

校园欺凌也可以被定义为结构化的社会认同动态变化的群际过程

（Jones et al. , 2008；Adler and Adler, 1998）。社会心理学的研究表明，个体会按照种族、性别等分类方法将自己归为某些类别（Turner et al. , 1987），并且喜欢那些与自己有共同群体成员身份的人（Brewer, 2007）。按照社会认同理论，自我分类的朋友中有较少群体核心成员的有较大风险被同伴实施校园欺凌（Cassidy, 2009）。在竞争或冲突的情况下，明确认同某一群体的个体很可能参与校园欺凌以提高、保持或捍卫他们的群体地位（Nesdale, 2004）。在使内群体从心理上优于外群体的过程中，群体中的个体的自我形象也因此被提高。所以，当校园欺凌指向一个有可能对内群体构成威胁的外群体成员时，校园欺凌更容易被大多数内群体成员所接受（Ojala and Nesdale, 2004）。而且，相比外群体，儿童对内群体的态度会更积极（Nesdale et al. , 2008；Nesdale et al. , 2009）。然而，在这种情况下，关于群体规范的作用和以往的研究结果并不一致。有的研究表明，归属于群体规范鼓励校园欺凌的群体的儿童比归属于群体规范反对校园欺凌的群体的儿童表现出更多的校园欺凌行为（Duffy and Nesdale, 2009）。但是，也有研究发现，鼓励攻击的群体规范通常跟 6 岁或 9 岁的儿童的攻击意愿没有相关性（Nesdale et al. , 2009）。可见，校园欺凌可以帮助校园欺凌者获得和保持高社会地位，保持内群体的凝聚力和同质性，以及维持群际社会认同。那么，校园欺凌事件中不同角色的个体的态度和行为是什么样的呢？

三　校园欺凌事件中不同角色的人的动机和行为

1. 校园欺凌者

校园欺凌者包括主动型校园欺凌者（proactive bully）和反应型校园欺凌者（reactive bully）（Roland and Idsøe, 2001）。主动型校园欺凌又分为追求权力的主动型攻击（power-related aggression）和追求归属的主动型攻击（affiliation-related aggression）（Fandrem, Strohmeier and Roland, 2009）。对追求权力的主动型校园欺凌者来说，通过校园欺凌，其可以在获得社会地位的同时又不会失去他人的情感。研究表明，五年级至八年级的女生对实施校园欺凌的男生表现出更高水平的接受（Veenstra et al. , 2010）。原因可能是，当受欢迎的青少年通过校园欺凌手段追求社会地位时，此时校园欺凌这一工具被用来实现更有价值的目标，所以这一行为就失去了一些负面的含义（Dijkstra, Lindenberg and Veenstra, 2008）；或者是，追求权力的主动型校园欺凌者的积极特征（比如，运动才能、体貌吸引力和亲社会性）可以诱发积极的情感，从而提高攻击、破坏以及触犯规范行为对受欢迎程度的积极影响（Dijkstra et al.，2009）。而且，高地位同伴参与校园欺凌会影响班级规范，从而影响同伴对校园欺凌行为的评价（Dijkstra et al.，2008）。

追求归属的主动型攻击者参与校园欺凌似乎是为了加入高地位群体以实现或者保持他们在受欢迎同伴群体中的社会位置（Witvliet et al.，2010）。这些儿童往往为了赢得追求权力的主动型校园欺凌者或者高地位群体儿童的接纳而欺凌别人（Olthof and Goossens，2008）。有被同伴拒绝经历的儿童更容易受同伴影响，攻击行为增多（Dishion and Tipsord，2011）。模仿别人参与校园欺凌增加了自身归属于受欢迎的青少年群体、成为受欢迎群体的成员的机会（Adler and Adler，1998）。已有研究表明，模仿成功的同伴可以跟着"沾光"，提高自己的社会地位（Erdogan，1999）。因此，对追求归属的校园欺凌者来说，校园欺凌可以帮助他们提高自己的社会地位，尤其是当受欢迎的同伴也参与校园欺凌时（Dijkstra et al.，2008）。然而，也有证据表明，如果自身没有积极的特征以降低校园欺凌行为对同伴关系的负面影响而是单纯模仿受欢迎青少年的负面行为的话，校园欺凌策略很可能达不到青少年提高在同伴中的社会地位的预期效果（Dijkstra et al.，2008；Dijkstra et al.，2009）。

2. 辩护者

早期的研究表明，辩护者（defender）多是那些享有较高同伴群体地位、有强烈反对校园欺凌的态度、共情的，以及对辩护受校园欺凌者有较高的效能感的儿童（Salmivalli，2010）。然而，近期的研究发现，在群体等级结构上处于相同位置的儿童倾向于互相支持。比如，Huitsing 和 Veenstra（2012）的研究发现，被同一个人欺凌的儿童很可能互相支持、为对方辩护，而欺凌同一个人的儿童也倾向于为对方辩护。与受校园欺凌者处于不同位置的儿童虽然在假设情境中有很多对校园欺凌持反对态度，也表达支持受校园欺凌同伴的意愿（Rigby and Johnson，2006），但其在实际生活中的辩护行为却很少（Salmivalli，Lappalainen and Lagerspetz，1998）。从进化心理学的角度来看，这可能是个体层面的理性选择；这种行为模式支持自然选择假设，可以增加个体获得想要的资源的可能性（Dawkins，2006）。准确地判断一个人对抗校园欺凌者或者校园欺凌者小团体的相对能力而谨慎行事比支持和为受校园欺凌者辩护有很大的选择优势，而支持和为受校园欺凌者辩护可能会让自己沦为下一个受害者（Hawley，1999）；或者个体的社会支配地位也会因此降低（O'Connell，Pepler and Craig，1999）。根据社会支配理论，个体可能进化发展出一些手段以便为了获得个人资源而将人际冲突减至最低（Hawley，1999）。从社会交换理论来看，如果他们帮助受校园欺凌者，他们可能会得到一些回报，诸如好的名誉（Blau，1964），但是他们也会权衡利弊得失（Homans，1974）。所以，辩护者的这种谨慎行为可能会减少眼前的由冲突引起的代价，同时通过与校园欺凌者保持良好的人际关系而增加自己在未来获得资源的可能性。

3. 受校园欺凌者和校园欺凌/受校园欺凌者

校园欺凌/受校园欺凌者（bully-victim）也被认为是反应型攻击者。受校园欺凌者（victim）和校园欺凌/受校园欺凌者通常都是处在群体中较低的社会地位上。受校园欺凌者一般解决问题的能力较差（Cassidy，2009），容易自责（Graham and Juvonen，1998）、容易哭（Olweus，1978），表现出焦虑、悲伤（Hodges and Perry，1999；Wilton，Craig and Pepler，2000）及抑郁（李海垒、张文新、于凤杰，2012）。校园欺凌/受校园欺凌者常常表现出愤怒（Wilton，Craig and Pepler，2000），而且以攻击的方式来应对，比如从身体上伤害别人、喊叫、咒骂别人、与人打架等（Olafsen and Viemerö，2000）。实际上，受校园欺凌者和校园欺凌/受校园欺凌者的这些行为可能会强化校园欺凌行为，因为校园欺凌者可能更期待有形的回报或者看到受校园欺凌者和校园欺凌/受校园欺凌者承受痛苦的样子（Perry，Williard and Perry，1990）。而且，这些反应使受校园欺凌者和校园欺凌/受校园欺凌者更难得到社会支持。研究表明，儿童常常远离那些有消极特质的同伴，认为他们越来越跟自己不一样，也越来越不喜欢他们（Jones et al.，2008）。同伴也会选择性地记住他们不喜欢的儿童的负面行为而忘记他们的正面行为（Flannagan and Bradley，1999）。而且，他们将自己不喜欢的儿童的负面行为归因为内在情境的、稳定的特质，而把他们的正面行为归因为外在情境的、短暂的特质（Guerin，1999）。因此，即使受校园欺凌的儿童已经被同伴拒绝了，但随着时间推移，他们会被同伴拒绝得更为彻底（Ladd and Troop-Gordon，2003）。尽管被校园欺凌的儿童之间可能会为彼此辩护、互相支持（Huitsing and Veenstra，2012），但是在一个班级之内，往往只有一两个同学被校园欺凌者挑出来欺凌，这会使受校园欺凌者更难得到社会支持、更加孤立无援、更加不适应（Huitsing et al.，2012）。

总之，现有研究表明，权力指向的校园欺凌者（power-related aggressor）并没有因为欺凌别人而失去同伴的支持和情感。归属指向的校园欺凌者（affiliation-related aggression）常常模仿其他校园欺凌者的欺凌行为以提高自己在群体中的社会地位。辩护者在很多情况下会从自身利益出发，尽量不挑战校园欺凌者并与校园欺凌者维持好的关系以获得更多资源，所以尽管他们有较强的意愿帮助受害者，但很少付诸实际行动。而校园欺凌/受校园欺凌者或受校园欺凌者往往更加孤立无援，被同伴排斥。

四　研究总结

从同伴群体的视角看待校园欺凌，可以帮助我们更深入地理解校园欺凌现象。从群体的视角看待校园欺凌，可以帮助受校园欺凌者或校园欺凌/受校园欺凌者进行外部归因，减少自责：受校园欺凌不是因为自己，而是因为自己所处的社会位置；不管是谁，只要处在很弱势的位置上，就有可能受校园欺凌。如果他们认识到这一点，可能就更加理性，减少对对方的敌意，进而减少攻击行为（DeWall et al.，2009）。从同伴群体视角看待校园欺凌，也会让旁观者减少受世界公正信念的影响而过多责备受害者（周春燕、郭永玉，2013）。从群体视角看待校园欺凌可以帮助我们深入理解规范、价值观和法律制度的重要性。社会等级就像电脑的硬件，而社会规范、价值观和法律等就像电脑的软件。一台好的电脑，好的硬件重要，好的软件也很重要。同样的道理，在校园欺凌的研究和实践中，我们很难改变社会等级现象，但是我们可以建立良好的社会规范、价值观和法律制度，让处于不同社会等级位置上的儿童能够和睦相处。

第一，建立良好的社会规范、价值观和法律制度。前人的研究指出，通过影响旁观者的行为（比如，将旁观者变为辩护者）来改变班级规范，可以显著降低儿童受校园欺凌的风险（Kärnä，Poskiparta and Salmivalli，2010）。本文却认为，通过改变和制定社会规范来影响旁观者的行为更加有效。班级行为规范可以影响被卷入校园欺凌青少年和同伴喜好之间的关系，因为在不支持校园欺凌的班级中，欺凌别人的青少年更有可能被同伴拒绝（Sentse et al.，2007），而被同伴取笑或者羞辱会引起青少年的攻击行为（Aslund et al.，2009）。所以，群体规范作为群体情境因素可能阻止或者助长校园欺凌行为（Salmivalli，2010）。班级规范需要引导，以防班级规范（全班同学对校园欺凌的看法的平均水平）变成受欢迎群体规范（受欢迎青少年的行为和规范）（Dijkstra et al.，2008）。那么，班级规范如何制定，如何引导，标准是什么，如何评估呢？除了班级规范，学校也应该倡导积极健康的价值观。Orpinas 和 Horne（2006）提出了适用于教育者和学生的三种学校价值观：第一，所有儿童都会学习；第二，学校社区中的每一个人都值得被人尊重和有尊严地对待；第三，暴力、攻击和校园欺凌在学校里是不可以被接受的。这三种价值观对于减少校园欺凌的效果有多大，以及是否适合中国文化，需要进一步探讨。

与此同时，学校也应该制定明确的规章制度、设立特别的部门、设立电话热线等，以从制度上提供保障，减少校园欺凌行为，并营造一个支持性的学校氛围，进而促使受校园欺凌者进行求助。现有的研究已经表明，知觉到老师和学校其他工作人员会支持他们的学生对受校园欺凌后的求助行为持积极态度（Eliot et al.，2010）。目前，中国中小学中似乎还没有类似的规章制度。那么，应该如何制定，如何评估干预效果呢？此外，也应当制定有关校园欺凌的法律制度，从法律上约束和减少极端儿童青少年通过校园欺凌导致他人自杀的事件。现有的研究都强调动员辩护者保护受校园欺凌者（Salmivalli，2010），实际上，受校园欺凌者需要整个制度都站在他们那一边，从制度设计上减少校园欺凌行为。从法律制度制定角度来看，我国的《未成年人保护法》哪些地方需要改进，不同国家的比较研究可以带来什么启示，需要后续研究继续讨论。

第二，社会经济地位差距对校园欺凌和受校园欺凌的影响。尽管人格是校园欺凌产生的一个原因，并且遗传因素影响反社会人格的形成（Ferguson，2010），但是家庭社会经济地位和社会等级结构也起重要作用。社会阶层或者社会经济地位与儿童和成人的一系列发展结果是相关的（Conger，Conger and Martin，2010）。社会经济地位作为校园欺凌和受校园欺凌的影响因素，已经得到实证研究的有力支持。相比高社会经济地位的儿童，低社会经济地位的儿童身心健康状况较差、社会技能较低、学业表现也较差（Nuru-Jeter et al.，2010）。因此，家庭社会经济地位较低的儿童尤其有被卷入校园欺凌的高风险（Jansen et al.，2012）。在一项大规模的对学前儿童同伴侵害的追踪研究中，发现父母收入不足可以预测受同伴侵害的轨迹：强度高/时间长和强度中/逐渐增加（Barker et al.，2008）。Aaltonen（2012）

与同事的研究也表明，当研究严重暴力的危险因素时，社会经济地位和侵害之间的关系是毋庸置疑的。

不仅社会经济的不平等使得社会经济地位不利的儿童有更高的受校园欺凌的风险，而且在一所学校或者一个国家里，社会经济差距越大，儿童就有更高的风险被卷入校园欺凌。在一项对 35 个国家的横向比较研究中，Due 等（2009）调查了 11 岁、13 岁和 15 岁的代表性样本，以验证社会经济不平等对青少年遭受校园欺凌的影响。结果表明，来自不富裕家庭的青少年报告了较多的受校园欺凌经历。遭受校园欺凌的普遍性与国家或者学校的经济水平（以国民总收入测量）并不相关，但是在一所学校里，较大的贫富差距和在国家层面上大的经济差距（以基尼系数测量）与不断提高的遭受校园欺凌的普遍性相关。而且，童年和青少年期时遭遇校园欺凌可能也会导致成年期较低的社会经济地位。Macmillan 和 Hagan（2004）追踪研究了童年和青少年期受暴力侵害以及成年期的社会经济地位之间的关系。他们发现，通过减少教育成就，青少年受侵害对成年早期的社会经济成就有实质性的、广泛的影响。因此，成长于社会经济地位低的家庭中的儿童往往在童年和青少年期易受侵害，反过来又会导致他们在成年期的社会经济成就较低，其将来的子女也容易受校园欺凌，从而容易陷入校园欺凌代际传递的不良循环。

这些发现为中国目前城镇化进程中产生的流动儿童的社会适应问题提供了新的视角。如何帮助流动儿童更好地适应城市生活，从社会结构的视角来看，加强受校园欺凌者或校园欺凌/受校园欺凌者的社会、心理，甚至经济资源，帮助他们提高能力，可能是减少他们受校园欺凌的重要途径（Due et al.，2007），而仅仅改善他们的心理健康状况是不够的；或许，给予他们改变生活的机会和帮助、缩小城乡差距和地区差距是解决流动儿童导致的社会问题的比较好的办法。这需要在未来的研究中予以探讨。

此外，对校园欺凌的研究有待于采用更加多元化的方法。目前的研究主要采用问卷调查法，仅有很少的研究采用 ERP 等方法来探索校园欺凌和暴力行为的神经机制。比如，一项对不同社会经济地位的个体的攻击性的 ERP 研究表明，低社会经济地位的个体可能会表现出与攻击性高和冲动控制水平低的个体相似的心理生理反应（Wang et al.，2012）；另一项脑电研究表明，长期暴露于暴力环境中，会导致神经系统对暴力脱敏（desensitization），反过来会导致暴力行为增加（Engelhardt et al.，2011）。未来研究可采用 ERP、核磁共振等方法，进一步揭示校园欺凌者或者受校园欺凌者的脑机制和长期受校园欺凌对大脑结构的影响、对情绪认知的影响、对情绪记忆的影响，以及对情绪调节的影响等。

参考文献

陈斌斌、李丹、陈欣银、陈峰，2011，《作为社会和文化情境的同伴圈子对儿童社会能力发展的影响》，《心理学报》第 1 期。

李海垒、张文新、于凤杰，2012，《青少年受校园欺凌与抑郁的关系》，《心理发展与教育》第 1 期。

刘霞，2013，《个体和群体歧视知觉对流动儿童主观幸福感的影响》，《心理科学》第 1 期。

周春燕、郭永玉，2013，《公正世界信念——重建公正的双刃剑》，《心理科学进展》第 1 期。

Aaltonen, M., Kivivuori, J., Martikainen, P., Sirén, R. 2012. "Socioeconomic Differences in Violent Victimization: Exploring the Impact of Data Source and the Inclusivity of the Violence Concept." *European Journal of Criminology* 9: 567 – 583.

Adler, P. A., Adler, P. 1995. "Dynamics of Inclusion and Exclusion in Preadolescent Cliques." *Social Psychology Quarterly* 58: 145 – 162.

Adler, P. A., Adler, P. 1998. *Peer Power: Preadolescent Culture and Identity.* New Brunswick, NJ: Rutgers University Press.

Aslund, C., Starrin, B., Leppert, J., Nilsson, K. W. 2009. "Social Status and Shaming Experiences Related to Adolescent Overt Aggression at School." *Aggressive Behavior* 35: 1 – 13.

Baldry, A. C. 2003. "Bullying in Schools and Exposure to Domestic Violence." *Child Abuse and Neglect* 27: 713 – 732.

Barker, E. D., Boivin, M., Brendgen, M., Fontaine, N., Arseneault, L., Vitaro, F., Bissonnette, C., Tremblay, R. E. 2008. "Predictive Validity and Early Predictors of Peer-victimization Trajectories in Preschool." *Archives of General Psychiatry* 65: 1185 – 1192.

Baumeister, R. F., Leary, M. R. 1995. "The Need to Belong: Desire for Interpersonal Attachments as a Fundamental Human-motivation." *Psychological Bulletin* 117: 497 – 529.

Blau, P. M. 1964. *Exchange and Power in Social Life.* New York: John Wiley.

Brewer, M. B. 2007. "The Importance of Being We: Human Nature and Intergroup Relations." *American Psychologist* 62: 728 – 738.

Brown, D. E. 1991. *Human Universals.* New York: McGraw-Hill.

Bukowski, W. M. , Sippola, L. K. 2001. Groups, Individuals, and Victimization. In J. Juvonen & S. Graham (eds.) , *Peer Harassment in School* (pp. 355 – 377) . New York: Guilford Press.

Burns, S. , Maycock, B. , Cross, D. , Brown, G. 2008. "The Power of Peers: Why Some Students Bully Others to Conform. " *Qualitative Health Research* 18: 1704 – 1716.

Cassidy, T. 2009. "Bullying and Victimisation in School Children: the Role of Social Identity, Problem-solving style, and Family and School Context. " *Social Psychology of Education* 12: 63 – 76.

Cheney, S. L. , Seyfarth, R. M. 1990. "The Representation of Social Relations by Monkeys. " *Cognition* 37: 167 – 196.

Cillessen, A. H. N. , Mayeux, L. 2004. "From Censure to Reinforcement: Developmental Changes in the Association between Aggression and Social Status. " *Child Development* 75: 147 – 163.

Coie, J. D. , Dodge, K. A. , Coppotelli, H. 1982. "Dimensions and Types of Social Status: A cross-age perspective. " *Developmental Psychology* 18: 557 – 570.

Conger, R. D. , Conger, K. J. and Martin, M. J. 2010. "Social Class, Family Processes, and Individual Development. " *Journal of Marriage and Family* 72: 685 – 704.

Coolidge, F. L. , DenBoer, J. W. , Segal, D. L. 2004. "Personality and Neuropsychological Correlates of Bullying Behavior." *Personality and Individual Differences* 36: 1559 – 1569.

Crick, N. R. , Dodge, K. A. 1994. "A Review and Reformulation of Social Informationprocessing Mechanisms in Children's Social Adjustment. " *Psychological Bulletin* 115: 74 – 101.

Dawkins, R. 2006. *The Selfish Gene.* New York Oxford University Press.

DeWall, C. N. , Twenge, J. M. , Gitter, S. A. , Baumeister, R. F. 2009. "It's the Thought that Counts: The Role of Hostile Cognition in Shaping Aggressive Responses to Social exclusion. " *Journal of Personality and Social Psychology* 96: 45 – 59.

Dijkstra, J. K. , Lindenberg, S. , Veenstra, R. 2008. "Beyond the Class Norm: Bullying Behavior of Popular Adolescents and its Relation to Peer Acceptance and Rejection. " *Journal of Abnormal Child Psychology* 36: 1289 – 1299.

Dijkstra, J. K. , Lindenberg, S. , Verhulst, F. C. , Ormel, J. , Veenstra, R. 2009. "The Relation between Popularity and Aggressive, Destructive, and Norm-breaking Behaviors: Moderating Effects of Athletic Abilities, Physical Attractiveness, and Prosociality. " *Journal of Research on Adolescence* 19: 401 – 413.

Dishion, T. J. , Tipsord, J. M. 2011. "Peer Contagion in Child and Adolescent Social and Emotional Development. " *Annual Review of Psychology* 62: 189 – 214.

Dixon, R. 2007. "Scapegoating: Another Step towards Understanding the Processes Generating Bullying in Groups? " *Journal of School Violence* 6: 81 – 103.

Due, P. , Andersen, A. , Merlo, J. , Hansen, E. H. , Holstein, B. E. 2007. "Relevance of Motor Skill Problems in Victims of Bullying." In reply. *Pediatrics* 120: 1227 – 1228.

Due, P. , Merlo, J. , Harel-Fisch, Y. , Damsgaard, M. T. , Holstein, B. E. , Hetland, J. , … , Lynch, J. 2009. "Socioeconomic Inequality in Exposure to Bullying During Adolescence: A Comparative, Cross-sectional, Multilevel Study in 35 Countries." *American Journal of Public Health* 99: 907 – 914.

Duffy, A. L. , & Nesdale, D. 2009. "Peer Groups, Social Identity, and Children's Bullying Behavior." *Social Development* 18: 121 – 139.

Eliot, M. , Cornell, D. , Gregory, A. , Fan, X. T. 2010. "Supportive School Climate and Student Willingness to Seek Help for Bullying and Threats of Violence." *Journal of School Psychology* 48: 533 – 553.

Engelhardt, C. R. , Bartholow, B. D. , Kerr, G. T. , & Bushman, B. J. 2011. "This is Your Brain on Violent Video Games: Neural Desensitization to Violence Predicts Increased Aggression Following Violent Video Game Exposure." *Journal of Experimental Social Psychology* 47 (5): 1033 – 1036.

Erdogan, B. Z. 1999. "Celebrity Endorsement: A Literature Review." *Journal of Marketing Management* 15: 291 – 314.

Fandrem, H. , Strohmeier, D. , Roland, E. 2009. "Bullying and Victimization Among Native and Immigrant Adolescents in Norway: The Role of Proactive and Reactive Aggressiveness." *Journal of Early Adolescence* 29 (6): 898 – 923.

Ferguson, C. J. 2010. "Genetic Contributions to Antisocial Personality and Behavior: A Meta-analytic Review from an Evolutionary Perspective." *The Journal of Social Psychology* 150: 160 – 180.

Fiske, A. P. 1992. "The Four Elementary Forms of Sociality: Framework for a Unified Theory of Social Relations." *Psychological Review* 99: 689 – 723.

Flannagan, D. , Bradley, L. 1999. "Judging the Behaviors of Friends and Unfamiliar Peers: Patterns Associated with Age and Gender." *Journal of Early Adolescence* 19: 389 – 404.

Galván, M. , Uauy, R. , Corvalan, C. , Lo'pez-Rodriguez, G. , & Kain, J. 2013. "Determinants of Cognitive Development of Low SES Children in Chile: A Post-transitional Country with Rising Childhood Obesity Rates." *Maternal and Child Health Journal* 17 (7): 1243 – 1251.

Garandeau, C. , Cillessen, A. 2006. " From Indirect Aggression to Invisible Aggression: A Conceptual View on Bullying and Peer Group Manipulation." *Aggression and Violent Behavior* 11: 612 – 625.

Goossens, F. A. , Olthof, T. , Dekker, P. H. 2006. "New Participant Role Scales: Comparison between Various Criteria for Assigning Roles and Indications for Their Validity."

Aggressive Behavior 32: 343 – 357.

Graham, S., Juvonen, J. 1998. "Self-blame and Peer Victimization in Middle School: An Attributional Analysis." *Developmental Psychology* 34: 587 – 599.

Grosenick, L., Celement, T. S., Fernald, R. D. 2007. "Fish can Infer Social Rank by Observation alone." *Nature* 445: 429 – 432.

Guerin, B. 1999. "Children's Intergroup Attribution Bias for Liked and Disliked Peers." *Journal of Social Psychology* 139: 583 – 589.

Hawley, P. H. 1999. "The Ontogenesis of Social Dominance: A Strategy-based Evolutionary perspective." *Developmental Review* 19: 97 – 132.

Hawley, P. H. 2003a. "Prosocial and Coercive Configurations of Resource Control in Early Adolescence: A Case for the Well-adapted Machiavellian." *Merrill-Palmer Quarterly* 49: 279 – 309.

Hawley, P. H. 2003b. "Strategies of Control, Aggression, and Morality in Preschoolers: An Evolutionary Perspective." *Journal of Experimental Child Psychology* 85: 213 – 235.

Hawley, P. H., Little, T. D. 1999. "On Winning Some and Losing Some: A Social Relations Approach to Social Dominance in Toddlers." *Merrill-Palmer Quarterly* 43: 185 – 214.

Hodges, E. V. E., Perry, D. G. 1999. "Personal and Interpersonal Antecedents and Consequences of Victimization by Peers." *Journal of Personality and Social Psychology* 76: 677 – 685.

Homans, G. C. 1974. *Social Behavior: Its Elementary Forms.* New York Harcourt, Brace, Jovanovich.

Huberman, B. A., Loch, C. H., Önculer, A. 2004. "Status as a Valued Resource." *Social Psychology Quarterly* 67: 103 – 114.

Huitsing, G., Veenstra, R. 2012. "Bullying in Classrooms: Participant roles from a Social network Perspective." *Aggressive Behavior* 38: 494 – 509.

Huitsing, G., Veenstra, R., Sainio, M., Salmivalli, C. 2012. "'It Must Be Me' or 'It Could Be Them?' The Impact of the Social Network Position of Bullies and Victims on Victims' Adjustment." *Social Networks* 34: 379 – 386.

Jansen, P. W., Verlinden, M., Berkel, A. D., Mieloo, C., Van der Ende, J., Veenstra, R. ⋯, Tiemeier, H. 2012. "Prevalence of Bullying and Victimization among Children in Early Elementary School: Do Family and School Neighbourhood Socioeconomic Status Matter?" *BMC Public Health* 12: 494 – 503.

Jones, S. E., Haslam, S. A., York, L., Ryan, M. K. 2008. "Rotten Apple or Rotten barrel? Social Identity and Children's Responses to Bullying." *British Journal of Developmental Psychology* 26: 117 – 132.

Juvonen, J., Graham, S., Schuster, B. 2003. "Bullying Among Young Adolescents: The

Strong, Weak, and Troubled. ” *Pediatrics* 112: 1231 – 1237.

Kärnä, A. M. V. , Poskiparta, E. and Salmivalli, C. 2010. “Vulnerable Children in Varying Classroom Contexts: Bystanders' Behaviors Moderate the Effects of Risk Factors on Victimization. ” *Merrill-Palmer Quarterly*56: 261 – 282.

Ladd, G. , & Troop-Gordon, W. 2003. “The Role of Chronic Peer Difficulties in the Development of Children's Psychological Adjustment Problems. ” *Child Development* 74: 1344 – 1367.

Lease, A. M. , Musgrove, K. T. and Axelrod, J. L. 2002. “Dimensions of Social Status in Preadolescent Peer Groups: Likability, Perceived Popularity, and Social Dominance. ” *Social Development* 11: 508 – 533.

Macmillan, R. , & Hagan, J. 2004. “Violence in the Transition to Adulthood: Adolescent Victimization, Education, and Socioeconomic Attainment in Later Life. ” *Journal of Research on Adolescence* 14: 127 – 158.

Nesdale, D. 2004. “Social identity processes and Children's Ethnic Prejudice. ” in M. Bennett & F. Sani (eds.), *The Development of the Social Self* . East Sussex: Psychology Press. pp. 219 – 246.

Nesdale, D. , Durkin, K. , Maass, A. , Kiesner, J. , Griffiths, J. A. 2008. “Effects of Group Norms on Children's Intentions to Bully. ” *Social Development* 17: 889 – 907.

Nesdale, D. , Milliner, E. , Duffy, A. , Griffiths, J. A. 2009. “ Group Membership, Group Norms, Empathy, and Young Children's Intentions to Aggress. ” *Aggressive Behavior* 35: 244 – 258.

Nuru-Jeter, A. M. , Sarsour, K. , Jutte, D. P. , Boyce, W. T. 2010. “Socioeconomic Predictors of Health and Development in Middle Childhood: Variations by Socioeconomic Status Measure and Race. ” *Issues in Comprehensive Pediatric Nursing* 33: 59 – 81.

O'Connell, P. , Pepler, D. , Craig, W. 1999. “Peer Involvement in Bullying: Insights and Challenges for Intervention. ” *Journal of Adolescence* 22: 437 – 452.

Ojala, K. , Nesdale, D. 2004. “Bullying and Social Identity: The Effects of Group Norms and Distinctiveness Threat on Attitudes Towards Bullying. ” *British Journal of Developmental Psychology* 22: 19 – 35.

Olafsen, R. N. , Viemerö, V. 2000. “Bully/victim Problems and Coping with Stress in School among 10 – to 12 – year-old Pupils in Åland, Finland. ” *Aggressive Behavior* 26: 57 – 65.

Olthof, T. , Goossens, F. A. 2008. “Bullying and the Need to Belong: Early Adolescents' Bullying-related Behavior and the Acceptance They Desire and Receive from Particular Classmates. ” *Social Development* 17: 24 – 46.

Olthof, T. , Goossens, F. A. , Vermande, M. M. , Aleva, E. A. , Van der Meulen, M. 2011. “Bullying as Strategic Behavior: Relations with Desired and Acquired Dominance in the Peer Group. ” *Journal of School Psychology* 49: 339 – 359.

Olweus, D. 1978. *Aggression in Schools: Bullies and Whipping Boys*. Washington, DC: Hemisphere.

Olweus, D. 1993. *Bullying at School: What We Know and What We Can* Do. Malden, MA: Blackwell.

Orpinas, P., & Horne, A. M. 2006. *Bullying Prevention: Creating a Positive School Climate and Developing Social Competence* (1st ed.). Washington, DC: American Psychological Association.

Owens, L., Slee, P., Shute, R. 2001. "Victimization Among Teenage Girls. In J. Juvonen & S. Graham" (eds.), *Peer Harassment in School*. New York: Guilford Press. pp. 355 – 377.

Pellegrini, A. D. 2001. "Affiliative and Aggressive Dimensions of Dominance and Possible Functions during Early Adolescence. " *Aggression and Violent Behavior* 7: 21 – 31.

Perry, D. C., Williard, J. C., Perry, L. C. 1990. "Peers' Perceptions of the Consequences that Victimized Children Provide Aggressors. " *Child Development* 61: 1310 – 1325.

Pratto, F., Sidanius, J., Levin, S. 2006. "Social Dominance Theory and the Dynamics of Intergroup Relations: Taking Stock and Looking Forward. " *European Review of Social Psychology* 17: 271 – 320.

Rigby, K., Johnson, B. 2006. "Expressed Readiness of Australian Schoolchildren to Act as Bystanders in Support of Children Who are Being Bullied. " *Educational Psychology* 26: 425 – 440.

Roland, E., Idsøe, T. 2001. "Aggression and Bullying. " *Aggressive Behavior* 27: 446 – 462.

Salmivalli, C. 2010. "Bullying and the Peer Group: A Review. " *Aggression and Violent Behavior* 15: 112 – 120.

Salmivalli, C., Lappalainen, M., Lagerspetz, K. 1998. "Stability and Change of Behavior in Connection with Bullying in Schools: A Two-year Follow-up. " *Aggressive Behavior* 24: 205 – 218.

Sentse, M., Scholte, R., Salmivalli, C., Voeten, M. 2007. "Person-group Dissimilarity in Involvement in Bullying and its Relation with Social Status. " *Journal of Abnormal Child Psychology* 35: 1009 – 1019.

Sidanius, J., Pratto, F. 1993. "The Inevitability of Oppression and the Dynamics of Social Dominance. " In P. M. Sniderman, P. E. Tetlock & E. G. Carmines (eds.) *Prejudice, Politics, and the American Dilemma* (pp. 173 – 211) . Stanford, CA: Stanford University Press.

Sijtsema, J. J., Veenstra, R., Lindenberg, S., Salmivalli, C. 2009. "Empirical Test of Bullies' Status Goals: Assessing Direct Goals, Aggression, and Prestige. " *Aggressive Behavior* 35: 57 – 67.

Strayer, F. F., Trudel, M. 1984. "Developmental Changes in the Nature and Function of Social Dominance among Young Children. ” *Ethology and Sociobiology* 5：279 – 295.

Troy, M. , & Sroufe, L. A. 1987. “Victimisation among Preschoolers：Role of Attachment Relationship history. ” *Journal of the American Academy of Child and Adolescent Psychiatry* 26：166 – 172.

Ttofi, M. M. , Farrington, D. P. , Losel, F. , Loeber, R. 2011. “The Predictive Efficiency of School Bullying Versus Later Offending：A Systematic/Meta-analytic Review of Longitudinal studies. ” *Criminal Behaviour and Mental Health* 21：80 – 89.

Turner, J. C. , Hogg, M. A. , Oakes, P. J. , Reicher, S. D. , Wetherell, M. S. 1987. *Redicovering the Social Group：A Self-categorization Theory.* Oxford, UK：Basil Blackwell.

Veenstra, R. , Lindenberg, S. , Munniksma, A. , Dijkstra, J. K. 2010. “The Complex Relation between Bullying, Victimization, Acceptance, and Rejection：Giving Special Attention to Status, Affection, and Sex Differences. ” *Child Development* 81：480 – 486.

Volk, A. A. , Camilleri, J. A. , Dane, A. V. and Marini, Z. A. 2012. “Is Adolescent Bullying an Evolutionary Adaptation?” *Aggressive Behavior* 38：222 – 238.

Wang, Y. Z. , Zhao, Y. F. , Qiu, J. , Ybarra, O. , Liu, L. , Huang, Y. O. 2012. “Neural Correlates of Aggression Among Individuals from Low and High Socioeconomic Status：An ERP study. ” *International Journal of Psychological Studies* 4 （4）：37 – 45.

Wilton, M. M. M. , Craig, W. M. , Pepler, D. J. 2000. “Emotional Regulation and Display in Classroom Victims of Bullying：Characteristic Expressions of Affect, Coping Styles and Relevant Contextual Factors. ” *Social Development* 9：226 – 245.

Witvliet, M. , Olthof, T. , Hoeksma, J. , Smits, M. , Koot, H. , Goossens, F. 2010 . “Peer Group Affiliation of Children：The Role of Perceived Popularity, Likeability, and Behavioral Similarity in Bullying. ” *Social Development* 19：285 – 303.

Zimbardo, P. , Boyd, J. 2008. The time paradox：The new psychology of time that will change your life. Simon and Schuster.

都市社会工作研究　第 6 辑

第 124~150 页

© SSAP, 2019

医务社会工作实习过程研究

——以上海地区为例

李玉涵*

摘　要　上海地区的医务社会工作发展水平较高，近几年来已经成为中国大陆医务社工界的代表，各个高校的许多社会工作专业学生进入医院进行实习。本文以上海地区的医务社会工作实习生为主要研究对象，以医务社工学生的实习过程为主线，展现医务社会工作实习生的实习状态，发现医院中的实习工作内容涉及志愿者管理、社会工作专业服务以及其他配合医院完成的各项任务，进一步分析社工实习生在医务实习过程中所遭遇的现实困境以及能获得的专业支持，由此总结当前医务社工实习模式，反思现有的医务社会工作实习教育特别是在课程建设、专业督导以及人才综合能力培养方面存在的不足，并提出改善后的医务社工实习模式以及医务社工实习教育的未来发展方向。

关键词　医务社工　社会工作教育　社会工作实习

一　研究问题的提出

（一）研究的现实背景

上海浦东新区最早提出医务社工这个概念，早在 1997 年，浦东新区就

---

*　李玉涵，贵州省六盘水市钟山区广播电视站记者，研究方向为社会工作教育、医务社会工作等。

将社会工作引入医疗行业。2000 年，在浦东新区政府的主导和大力推动下，东方医院、公利医院和梅园街道医院等 10 家医疗机构首先建立社会工作服务站，由临床医护人员和管理部门负责担任相关工作（季庆英，2015）。2012 年 2 月 13 日，上海市卫生局、民政局、教育局以及上海市人力资源和社会保障局出台了《关于推进医务社工人才队伍建设的实施意见（试行）》，文件中明确了初步形成医务社工的工作体制以及相关的人才培养制度，计划 2013～2015 年在上海市内全面推广医务社会工作。截至 2015 年 1 月 25 日，上海市已经有 152 家单位试点开展医务社会工作。由上述信息能够得出在医务社会工作领域，对应其迅速发展的需求，在上海的各大医院可以有越来越多的机会看到上海各高校的社会工作实习生和已经从业的一线医务社会工作者。

上海地区的医务社工发展一直处于中国领先地位，季庆英（2015）认为，1993～2000 年是上海医务社工的发展准备阶段，社会工作的一些前期准备工作已经建立，为了适应社会发展变化的需求，医院开始试点融入社工的概念、建设志愿者队伍、链接资源扶助弱势群体。2001～2009 年则属于实践探索阶段，上海市较早建立起来的设立医务社工部的医院，如东方医院、上海市儿童医学中心纷纷进行社工实践的探索，将社会工作的专业服务运用到实际当中，小组活动、个案服务、哀伤辅导、临终关怀等活动进入上海医务社工的一线领域中。从 2010 年至今，上海的医务社工发展已经进入全面推进的阶段，在这个阶段，上海的医务社工发展得到政府主管部门的大力推动。医务社会工作推广范围扩散至康复医院、宁养院和基层的卫生服务中心。

医务社会工作的蓬勃发展，不仅为社会工作实务的开展提供了便利条件，也为深入理论研究提出了要求。

（2）已有研究的反思

在医务社会工作的相关研究文献中，有一些是关于医务社工实践探索的论述（李妍斐，2011；柴双等，2012；陈红等，2013；祝平燕、万莉莉，2013；阎玮婷等，2015；马芒、邓金叶，2016）。陈红、郝徐杰、关婷、王杉（2013）以北京大学人民医院的医务社工的发展为例，介绍了其在志愿者管理、社会工作专业活动、行政工作等方面的经验。在阎玮婷、陆培兰、方秉华（2015）三人看来，综合性医院的社会工作发展可以按照"3 + X"的模式进行，也就是社会工作个案、小组、社区这三大工作手法再加上根据医院自身特色衍生出来的服务形态，在上海市第六人民医院，慈善基金会以及病友俱乐部就是根据医院自身特色衍生出来的服务。李妍斐（2011）认为医务社工和志愿者在面对医护人员接纳度不高、信任度低等问题时，要改变其宣传策略，提高自身的认知度，通过自身专业化的培训，增强医护人员的信任，同时对自身的服务开展也应该立足于需求，增加跨专业之间的合作机会，促进融合。丁振明、郑素云、张一奇（2015）则探讨了医院志愿者存在的问题、团队归属感的具体表现、团队建设的意义，并提出了应对策略。医务社会工作在本土发展的过程当中，因为文化背景的不同，会遇到很多问题，余瑞萍（2012）认为在医务实习中，专业价值观与现实处境的冲突主要表现在与整体医疗环境以及学生个人价值观冲突两个方面。其中整体医疗环境包括医疗社会体制的冲突、医学专业价值观的冲突、患者个人价值观冲突三个方面。

在上述文献中，研究者分析了医务社会工作领域中社会工作现有的师资力量、专业课程设置、实习机构发展，讨论了社工人才教育中所存在的问题，也有研究者对现在的医务社工人才培育在实习督导以及实习机构方面进行了讨论。

但是所有的文献对医务社工实习的关注太少，对医务社工实习生的实习状态、实习需求还有很多可以探讨的空间，因此本文主要以学校、医院、个人三个角度为分析维度，希望能够较为全面地展现医务社会工作实习生的状态，展现学生对现有实习模式的回馈。具体而言，上海许多医院设立医务社工部并提供社会工作服务，为上海各个高校社会工作系专业学生实习提供了宝贵的机会，但是在实习过程中学生会遭遇许多问题，虽然按照实习任务要求会有实习周记、每周一次的面对面督导，但是学生个人作为服务的提供者，他们如何看待医务社会工作？在医院实习过程中他们的切身感受又如何？医务社工的实习经历对他们的影响又是什么？这些疑问在社会工作专业教育领域里很少涉及或深入讨论，为此，本文的研究问题主要集中在以下几个方面。第一，医务社会工作实习生在医院的实习过程是怎样的状况。第二，医务社工实习生在实习过程中遇到了哪些困境，由这些困境可以看到学生可获得的专业支持以及存在的不足是什么。第三，通过研究发现，医务社工实习生形成了怎样的基本模式，这个模式有什么可以提高和改善的地方。

在正式讨论之前，需要对"医务社会工作"和"医务社会工作实习"两个概念做一扼要界定。所谓医务社会工作是一门以关怀为基础，在医疗体系中提供全人照护的助人工作，透过社会、心理及灵性层面的需求评估，协助个案及其家属处理因疾病而产生的家庭、经济、工作、情绪、复健、出院安置，以及疾病相关适应等问题，提供个案及其家属支持性、补充性与关怀性的服务，便利案主在医疗复原的过程中，能有更佳的适应能力，提升自信心与能力（温信学，2011）。而医务社会工作实习则指的是社会工作专业学生因为实习课程的安排，进入医院中，在医院社会工作者或是相关部门人员的安排下，进行医务社会工作的服务，学生在医务实习的过程中去体验社会工作者的角色，将课堂上学习的社会工作实务技巧运用到实践当中。

二　研究思路和研究方法

（一）研究思路

本文主要是依照医务社会工作实习生所实习的一般过程来开展研究，也即医务社会工作实习生在医院实习的开始到结束阶段，这个阶段总共分为三个部分。第一个部分是医务社会工作实习生在进入医院开始实习阶段，主要关注学生对医务社工的预期以及医务社工发展现状与其预期的冲突。第二个部分是医务社工实习生在医院的实习内容，中间会涉及医务社会工作实习生在实习中会接触到的工作内容，包括志愿者管理、社会工作专业服务，以及根据医院的特点还有不同时段的工作需求所开展的服务。第三个部分则会关注到在实习结束后，学生在这个过程中对于实习表现的自我评估、自我成长以及专业上的收获。在对医务社会工作实习生的整个实习过程进行呈现和还原的基础上，对实习过程当中存在的问题进行分析讨论，最后反思医务社会工作教育当中存在的不足并探讨未来发展方向。

（二）研究方法

本文采用访谈法收集资料和开展具体研究，选择的访谈对象要求如下。第一，系社会工作专业的学生，在上海的医院中有过社会工作实习经历。第二，在实习期间，完成社会工作的专业服务，即合作或独立完整地开展过个案、小组、社区工作其中一项或者更多。第三，学生实习的医院设有专职的社会工作岗位。为了分析比较，选择的医院中二甲和三甲均有涉及。由此，本文共进行了13人的访谈，其中包括1名医院社工部主任，同时也是医院的督导，有 2 名是社会工作专业出身的医务社会工作者，剩余的 10 人为社会工作实习生，2 名本科生，8 名社会工作硕士研究生（MSW）。这些实习生所实习的医院包括上海市的三级医院和二级医院，有的医院社会工作发展经验丰富而有的处于刚起步阶段，具体情况见表 1。

表 1 访谈对象情况

访谈对象编号	性别	专业情况	实习医院	实习内容
MSW1	女	本科社工，有专业实习经历	二级医院 G 医院	志愿者，个案，小组，社区
MSW2	男	本科社工，有专业实习经历	二级医院 H 医院	个案，小组
MSW3	女	本科社工，有专业实习经历	三级医院 B 医院	个案，社区活动
MSW4	女	本科社工，有专业实习经历	三级医院 D 医院	个案，小组，社区活动
MSW5	女	社会学，无专业实习经历	二级医院 E 医院	个案，小组
MSW6	女	本科社工，有专业实习经历	三级医院 C 医院	个案，小组
MSW7	女	本科社工，有专业实习经历	三级医院 C 医院	小组，病房探访
MSW8	女	本科社工，有实习经历	三级医院 A 医院	个案，小组，社区
本科 1	女	社工	三级医院 C 医院	病房探访，社区活动
本科 2	女	社工	三级医院 F 医院	病房探访，小组，社区参与
毕业 1	女	专职社工	二级医院 E 医院	
毕业 2	女	专职社工	二级医院 G 医院	
主任 1	男	社工部主任非专业出身，有资格证	三级医院 C 医院	社会工作管理

注：为了保护被访者隐私，本文对被访者及实习医院进行编号，社会工作硕士研究生用 MSW 来标注。

三 医务社会工作实习开始

（一）选择医务社工实习的原因

在医务社会工作大力发展的背景下，很多社会工作专业学生进入医院中进行实习。在选择医院进行实习时，有的是出于自己的兴趣，有的是因为学校安排，因为不同的原因让社会工作专业的学生们接触到医务社工。

> 当时是老师安排，我当时是想去医院实习的，听上一届的学长学姐说 S 大的医务社工还不错，还有 S 大的一些网站贴出来签署实习基地的相关消息，当时认为上海的医务社工已经发展得非常好了，所以就想去这个成熟的领域，这是新的领域而且是我们以前本科没有的领域。（MSW3，B 医院）
>
> 因为我刚开始的时候比较排斥医务社工这个领域，其实我不太想去医院，然后之前同宿舍的人有在那里实习过，然后跟她聊就大致了解他们，因为有些人可能接触到一些，像我室友她接触的是唇腭裂儿童，我特别怕接触这样的病人，因为我的心理是有抗拒的。我刚开始的时候不太愿意去医院，但是因为之前在学校里面实习没有接触到什么，然后是导师建议，这个也是很重要的因素。（MSW5，E 医院）
>
> 他们（医院）来做宣讲会，然后自己选择去这个地方。（MSW8，A 医院）

在医院实习初期，因为实习的需要，其间因为教师的建议、实习生的个人兴趣，加上之前实习学生的口口相传、医院自身宣传、网站新闻媒体等第三方手段进行宣传，综合上述因素的影响，引领实习生们进入医务社工的领域。

（二）对医务社工的预期

在未进入医务社工领域中时，实习生通过课程的学习以及他人口中关于医务社工的描述，对于医务社工会形成自己的一个印象，但是在进入实务领域后，面对现实的医务社工活动，原先在脑海中的预想，或是模糊的感觉被亲身感受所取代，这个时候的医务社工在他们眼中又是什么样子的，在问及被访者对于医务社工的初印象，他们是这样回答的：

> 我当时认为的医务社工就是非常专业的那种，但是进入了医院之后，我发现 B 医院的医务社工做的还算是比较专业的，但是我觉得它处处受限，在医院没有什么认同度。我们后来还专门定制了自己医务

社工部的衣服，然后我们有的时候进病房，因为衣服跟医生的不太一样，人家还以为我们是推销的（笑）。因为每次轮转的病人都是新的病人，有些老的病人知道我们是医务社工，医生也知道我们是医务社工，但是有些病人是（不知道的），不过你要跟他们说明情况的话，那里有个牌子——C 医院社工，他就会知道。然后整个医务社工在医院的认同度还不是很高。

研究者对于 C 医院的医务社工发展产生疑问，向被访者提出该院的医务社工在发展比较规范的前提下，还是存在社工不被认同的疑问。

他们其实也不规范，因为他们也没有很规范的，我觉得在医院做社工，都是短期服务，都是一些应急情况的服务，不可能长期服务，因为病人住院时间就两周，我们也不可能在他出院以后还跟踪服务，一般不会跟踪服务，除了说好的那种，后来会打电话过去。（MSW3，B 医院）

有差别，因为我之前听说上海这边医务社工发展得很好，我觉得里面应该是一个很完善的体系，就是说即使不是非常完善吧，到里面会有一个规范化的东西在那里，但是我去的时候发现完全不是那个样子，C 医院就是有一个社工，但是他也不是做社工的事情，而是做行政方面的事情，就是你到里面你不知道具体要做什么嘛，就是你社工方面那边要开小组、个案都没有，如果不是因为我的实习要在那边做，我的小组也不会在那边开的，个案这边更没有，所以我就觉得跟我预想的不一样。（MSW6，C 医院）

从上面的表述来看，可以说有的社会工作实习生在实习之前了解到上海地区的医务社会工作发展状况是比较好的，对于上海地区医务社工的发展预期是认为有一个较为完善的体系，并且能够提供专业的服务，但是实际接触的时候才发现医务社工发展得并没有自己原先预期的那么好。对医务社工的预期，其中也有不一样的态度。

我当时进去之前听说它是一个国际化程度非常高的机构，然后进去之后它也是一个非常开放、信息非常通畅的地方，所以没有什么差

别。（MSW8，A 医院）

　　我之前说到有一个学姐在医院做社工，我们一直都会有联系，她会跟我分享她在医院那边做的一些事情，然后其实我对医务社工是多多少少有了解的，不是一点了解都没有，所以我去的时候，比我们班其他同学的话，可能会有一个心理准备。你说跟之前想的不太一样的地方是，我之前挺天真的我觉得，之前没有想到在医院的时候要花大部分精力还有心思去科室，就是科室里面的工作人员特别是管理层，这个可能跟我之前想的不太一样，因为我在科室里面做任何事情都要得到有关部门领导的同意，这个之前是没有想到的。（MSW7，C 医院）

　　从上面两种不同的态度来看，对医务社工预期产生差别的主要内容是医务社会工作在现实发展中的专业性，即是否能够较好的在实务当中体现出自身的专业性，加上相关配套体系的发展，而造成这种差别的原因在于期待与现实的一致性。对于上海地区发展势头较好的医务社工，在未亲身接触时的感受是将医务社会工作发展状况良好的模糊概念进行了理想化的设定，而那些认为医务社工与自己设想并无差别的学生，是因为他们在实习之前就对医务社会工作有了一个客观的认识。虽然说实务面对的情况是复杂而不可预测的，但是对一个行业实际发展状况的了解是必要的，在学校课堂中，学生们对社工行业发展状况的了解是滞后的，因此在进入实务的时候才会产生落差。所以在进入实务之前，有必要让学生能够获得关于这个领域客观、明确的相关信息。

四　医务社会工作实习内容

　　实习生进入医院实习，在此期间要达成什么样的目标，在实习过程中应该去运用什么样的专业知识。关于学生实习内容的确立主要取决于学校与实习医院两方面因素。

（一）学校要求

　　史柏年、侯欣（2003）认为确立社会实习内容的主要影响因素包括社会工作专业的性质特征、社会工作专业教育的不同学历层次、社会工作的专业化发展水平三个方面，并且在确立社会工作实习内容的同时还应该遵循专业性、实务性、多样性、个别性以及渐进性的原则。

在学校范围内，以 S 大社会工作专业硕士研究生（MSW）的实习为例，学生的实习是按照自由选择的意愿，在与学校有合作关系的机构中根据自身感兴趣的领域选择实习的机构，实习总共分为三个阶段。第一个和第二个阶段都是与学校课程并行的，也就是说一周内学生的实习是与校内专业课程同时开展的，在前两个阶段实习生需要达成的目标分别是观察和了解、运用和探索。到了第三个阶段一周五天学生都会在实习的机构里面进行实习，这个时期就要求学生们达到整合与提高的程度。可以说，这样的实习安排是与上述的原则对应起来的，在整个研究生实习期间，学生需要满足800 个小时的专业实习，必须完成个案、小组活动、社区三个方面的专业活动并完成相关的计划书、记录表以及评估报告，每周需要向学校实习督导提交实习周记，在每个实习阶段需要完成社区和机构的探访报告、学习契约，以及该阶段实习之后的自我评估报告。

（二）医院要求

医院为学生提供实习场地，进入环境中会对学生的行为和任务有一些要求，基本的职场要求便是实习生不能够迟到早退，在医院环境中在不了解情况的时候不能够乱说话。在社会工作专业服务方面，所访谈的医院并没有对学生有明确的要求，大多是根据学生的需求来设定，在医院实习期间需要完成什么样的任务，医院会根据学生的反馈，结合医院可提供的资源帮助学生完成实习任务。

> 他们（医院）那边对我没有什么要求，那边更多的也是希望我做更多的事，对自己有一个提高，其他的事情他们对我也没有什么要求，他们更多的是扮演一种配合的角色，就是我想做什么他们就配合我做，医院的书记一直对我也挺好，所以他们就特别支持我，比如说我在开小组的时候他们会想办法帮我找人，如果要做个案的话他们也会按照我的要求去找个案，进社区的话他们就会带我去社区。总之，就是很配合我。（MSW2，H 医院）
> 医院对我没有什么硬性的要求，学校这边就是一个个案、一个小组，还有就是社区。社区我做的比较少，我们中间有一次社区站点的健康检测评估，我跟学弟给他们做了一个表格，就是社区检测，我就

做过这一个，其他基本上都是在医院内部做的。个案完成了，小组完成了，社区的话那一次我觉得其实不算是社区。（MSW1，G医院）

当时我们去实习的时候，学校有发一个实习的大纲，后来我们去了六院，督导给我们发了一个详细的实习安排，第一周干什么第二周干什么一直到第八周，上面都有一个详细的规划。（本科2，F医院）

在实习期间，大多数医院对于进来的实习生在专业任务上并没有什么硬性要求，医院就算是有要求也是专业方面的要求，与学校的专业要求是重合的。学校对实习的规定推动学生去完成实习任务，进行专业的服务，医院则是起到一个配合的作用，利用医院的自身资源让学生能够在实习的过程中完成专业任务。当然，因为医院不同，能够提供的资源也各有不同，在案主、医院督导、项目活动等机会的提供方面存在较大的差异。

（三）具体实习内容

虽说实习生进入医院实习，面对的情况各有不同，但是就整体来说会涉及以下几个方面的内容。

1. 志愿者管理

医院的志愿服务和志愿者管理是上海医务社会工作开展的一项重要内容，医院志愿者在医院进行志愿服务，主要的工作内容有以下几个方面。①门诊导诊。志愿者在门诊处引导来医院就诊的患者进行挂号、就诊、缴费，顺利完成看病就医的流程。②满意度调查。协助医院进行患者的满意度问卷调查，对医院各科室部门的服务状况进行评估、反馈。③陪诊服务。对于来到医院里，活动不便难以独自完成就医任务的病患，医院志愿者提供院内全程陪诊服务。④医院相关活动参与。医院举行相关活动时，如医疗学术论坛、社区义诊、节假日特色活动等，便需要志愿者积极参与策划、筹备、组织、协调和安排等。⑤病房探访。对于在医院住院的患者进行陪伴服务，缓解病人住院期间的焦躁情绪，同时也可以在探访过程中及时发现病人的问题与需求，向有关负责人进行汇报。

可以说现在医务志愿者已经成为医院的另一个窗口，医院相关志愿者的管理工作也是交由社工部或是医院社工来管理负责。有的医院志愿者的发展要先于医务社工的发展，在医院的社会工作部建立起来后，医务志愿者归在医务社工的管辖范围内，就上海来说，大多数医院已经发展了属于自己的比较稳定的志愿者服务群体。

志愿者不仅是医院对外的一扇窗户，同时也是快速了解医院的一个渠道，在进入医院实习的时候，实习生们多多少少都会接触到志愿者管理的相关工作。在进入医院的初期，也会让社工的实习生们去担任医院志愿者的角色，为来到医院的病患及家属进行服务，在这个对外服务的过程中，身为志愿者可以快速地了解医院的科室位置、各区的功能分布，了解来到医院看病就医的病人的状态，还有对医护人员的工作状态都能有一个初步的了解。

> 这个医院主要就是志愿者管理这一块，所以我觉得我大概就是两重身份，一个是志愿者而且志愿者要占大部分，当志愿者的时候跟他们医院其他志愿者没有什么两样，可能你刚开始去医院门诊的时候就是去当志愿者，在门口导医、助医、急诊这些，或者跟着其他的志愿者去探访，然后如果是作为实习生的话就是做个案和小组，然后这个是实习要求的，其实也是那边（要求的）。（MSW5，E 医院）
>
> 一般每天都要做的是志愿者的事情，因为我那里有一个志愿者工作站，测量血压还有一些志愿服务岗位，每次都有不同的志愿者来，要培训、参观，最后分享，有的时候会有志愿者小表彰那样的活动，算是志愿者管理吧。（MSW1，G 医院）
>
> 前两周就是在门诊楼当志愿者，会去每一层楼轮流当志愿者，督导的意思就是熟悉医院的环境和医院具体的就诊流程。（本科2，F 医院）

除了体验志愿者的角色外，对来到医院服务的志愿者进行管理，如服务记录管理等。另外上海的志愿者服务已经形成"网络云"管理，记录志愿者的服务时数、参与的志愿者的服务项目。

2. 社会工作专业服务

在专业实习方面，实习生在医院里面会涉及个案工作、小组工作以及社区活动开展等。

> 在 B 医院，个案做了好多个，后来参加了一个项目，就是医院有一个医务社工介入脑梗的康复研究，在那个研究中我做了 4 个个案，个案做得比较多的大概有十几个吧，我们的个案都是比较简单的，就是

针对病人的情况，针对他住院期间的问题，还有康复指导、出院计划，再就是帮他联系一些社区的资源，比如他不知道的有一些送饭服务之类的。（MSW3，B 医院）

我们的个案不是自己去找，而是医生护士评估这个家庭，看这个家庭是否有困难，或者是小朋友依从性差家长情绪不好的，或者家庭经济条件困难，或者是病人没有照顾者，或者是跟医生护士有矛盾，平台上会显示这个家庭是某个医生转过来的。转过来之后，那个时间实习生加上临床社工手上是没有案子的，然后我就负责这个案子，不是我挑选，只要我负责这个案子就从头跟到尾，跟到后面你评估它可以结案了那就可以结案了。（MSW8，A 医院）

医院是一个流动性大的地方，每天医院里面人来人往，加之上海作为一个国际化大都市，医疗服务面对的群体不仅仅是本地居民，还有很多来自国内其他省份的患者，甚至还有海外的患者。可以说医院面对的群体是复杂多样的，就算是像肿瘤医院这种专科医院也会面对来自社会上不同的群体。

一方面，在医院当中，要针对住院患者及其家属开展一个有主题性、多节次的活动是很难做到的，除去需要长期治疗的患者，大部分在医院里面的住院患者的流动性很大，如果要进行一个连续性主题的活动，成员无法坚持参与，小组的成效难以达到。因此在医院里，针对住院患者及其家属的小组活动多以单节次的形式展开。另一方面，医护人员也是医务社工的服务对象，在实习当中，还会有针对医护人员开展舒缓减压类型的小组活动，这类小组活动能够按照专业的社工小组流程开展，达成传统小组的要求。

我的毕业论文是在那里完成的，是给那些恶性肿瘤患儿的家长减压的一个活动，在前期我想了解这些家长的基本情况，就是收集问卷，大概收集了 50 份，还有就是选一部分家长给他们做访谈，更加深入地了解他们的情况，了解了之后根据这些设计了几次小组活动，就是给他们开展了几次减压的活动。（MSW6，C 医院）

我在那边待了一个月之后发现开小组活动的时候没有那么好开，因为开小组平常按老师讲的至少也要有五六次吧，但是因为实习的时间比较短，就一个月，第一周要熟悉环境，就算后面三周都可以开小组也只有三次。如果你第一次还没有切入正题的话，那其实小组时间真的很短，你也没有办法评估你那个小组的成效，就是你不能做那种类似于前测后测的那种小组。（MSW5，E 医院）

在社区活动方面，这个需要根据医院的需求来匹配，医院派出相关医护人员进入社区开展义诊活动，配合特定节日如世界爱眼日举办特定的主题活动，另外，医院还会举行相关的学术论坛等交流活动，这些也都需要社工部的参与，学生在医院实习期间，因为时间与活动的调配问题，在医院的社区活动需要等待机会，所以在医院实习的学生不一定都能够有机会接触到社区活动。

后来在实习期间最主要的是医务社工部主任给我和学姐（MSW）布置了一个策划大型公益活动的任务，也不能算大型吧，就是给 15 名白血病患儿策划活动，一对一配对上海新闻广播电台的志愿者，一起去上海长风海洋世界做一个游览活动。这个部分主要是学姐策划，我是负责执行的。（本科 1，C 医院）

社区的话，我们是跟 F 大的 2 个学生，我们 4 个人一起策划了一个糖尿病主题的活动。（MSW3，B 医院）

在医院的环境中，社会工作专业实习还需要完成辅助性的工作或者社会工作行政方面的服务，例如负责活动新闻的撰写、微信推送以及配合医院其他科室部门完成相关的任务。随着医院社会工作服务专业性的增强，不同的医院医务社工发展呈现出不同的特色，像上海市儿童医院与基金会之间的联系紧密，所以社会工作实习生在实习的过程中就会涉及与基金会进行项目合作的内容。有的医院社工部是挂靠在院办下面，因此在实习的过程中还会接触到医院党群活动策划宣传等方面。在医院实习的过程中，正逢医院的学术会议论坛举办，也会要求社工的实习生们参与到活动的组织策划宣传工作当中。

面对多变的实务需求，对于医务社工实习生的能力要求也不再仅仅局限在专业服务方面，因为工作环境要求，需要完成一场活动策划，宣传推送公众号消息，因为案主服务需要去了解相关的制度政策。顺应时代发展趋势，结合社会文化背景特色，医务社会工作实习生的工作内容还在不断拓展中。

五　医务社会工作实习督导

在实习过程中，面对复杂的医疗环境，社会工作价值观与现实发生冲突是常有的现象，伦理困境困扰着进入实务领域中的实习生，在较为完善的体系尚未建立之前，关于医务社工实践的标准、可以利用的相关资源以及配套的体制都还有很多的不足，而这些更增加了在实务当中开展服务的难度。因此，社会工作专业督导的必要性就更加凸显出来。

史柏年、侯欣（2003）认为，社会工作实习督导是实习学生在实习过程中为案主提供高质量的服务不可缺少的保证，学生虽然掌握专业知识，但是由于缺少与实际经验的整合，其服务质量是难以保证的，而且作为专业教育过程的一个组成部分，学生专业水平的提高也必须有所督导，督导具有教育、行政以及支持三方面的功能。

在接受访谈的实习生中，他们在实习期间的督导普遍实行的是"双督导"制度，也就是说学生在实习期间会接受学校与医院两方的督导，以帮助他们在实习过程中克服遇到的困难，指导学生在实务中运用所学到的理论知识与实务技巧开展服务。学校的督导侧重的是学生理论知识和对学生实习状况的把握，医院的督导则是贴近实务情境，在时间以及环境更优当中给学生提供及时有效的督导。"双督导"是一个不错的督导发展模式，但是在执行的过程中存在很多问题。

对于现有的双督导模式，学生是如何看待的，在医务社工实习的过程中，能否满足自身的需求，学生们看法不一。

> 不能，因为学校督导是学校督导，老师们都没有实务经验，老师社工背景大部分都是偏心理学的，专业出身的没几个，有的老师有自己的机构，像我是在医院实习，她（老师）没有在医院实习过，所以她给我提的很多建议更多的是结合自己的认知，但是可能并不符合我的实际需要，所以有时候我在实务中遇到问题我都不会去请教老师，我会去请教学姐。我学姐是一个经验丰富的人，她已经做医务社工5年了。遇到伦理方面的问题会去问老师。（MSW7，C医院）

我对督导的模式很认可，但是对于督导的资质很不认可，就比如说我在 B 医院的督导算是可以的了，那些人都算是有专业的社工背景了，但我觉得他们的督导也是不够的，就是他们也没有很丰富的知识和经历去督导我们，对于校内督导我觉得社工在实习方面就应该有很专业的督导，比如说我们学校的督导就不是很专业，他们没有社工专业的背景，没有在社工领域工作的一些经历，我觉得专业社工督导应该从专业的机构聘请，至少在机构工作 5 年以上，至少是硕士以上学历来学校当督导，然后再进行督导。（MSW3，B 医院）

我们会有团体督导和个人督导，平时微信里面她会关注你案子的进展情况。因为时间不确定，大概两周的时间会有一次团体的督导，就是所有的社工部老师都聚过来，所有的实习生也都聚在一起，大家进行讨论。平时每周三我们也会有一个实习生的沙龙，每个实习生进行一个主题汇报，就是进行交流，你有什么新的东西和大家进行交流，那又是一个会议。我们的督导和实习生的关系非常紧密。（MSW8，A 医院）

从上面的表述中我们不难看出，社会工作专业学生的督导存在很大的差别。首先，在学校层面，尽管教师具备社会工作相关的专业知识，但是实务经验缺乏，专业背景出身兼具丰富实务经历的教师太少，对学生进行专业督导方面的资质还有所欠缺，未能满足学生的实习督导需求。其次，在医院层面，专业的医务社工会给实习生提供实务督导，A 医院是上海较早发展医务社工的医院，已经有了十多年的探索经验，在医务社工发展方面已经形成了自身的发展体系，医院内的医务社工是社会工作硕士专业背景出身，并且还聘用拥有海外社会工作教育背景的医务社工，可以说该医院的医务社工在专业以及经验上都是值得其他医院学习借鉴的。H 医院社工部的发展起步较晚，社工部的人员也是由其他岗位转岗过来的，在医院当中，社会工作的实习生被视为专业人士，对医院的医务社会工作发展起着主力军的作用，在医院的督导层面获得的也只是关于医院情况的信息，以及获得开展个案、小组等活动的支持。

综合来说，学生在实习期间能够获得的专业督导，就整体来看，还存在很大的不足，在督导资源层面，学校的专业教师资源欠缺，而实务中拥有丰富的一线工作经验的专业社会工作者也还是少数。

六　医务社会工作实习结束

（一）专业实习评价

1. 医院评价

在医院里面实习结束阶段，学校与医院都会对学生的整体表现有一个回馈，最直接的展示就是在学生的实习分数上面，此外就是通过平日里的活动表现进行直接点评。

> 医院对我的评价还是挺好的，我做了临终关怀，医生也看到后来奶奶的那个效果，护士长就是因为他们看到后来的效果，我再去联系其他事情，开展工作的时候他们也不会讲我什么，他们基本上知道你社工开展这个东西是做什么的，他们也看到效果了，还有就是书记。院里面评了一个志愿者基地，每一次去做汇报的时候，汇报临终关怀、医护小组，还有志愿者岗位这些事情。（MSW1，G 医院）

2. 自我评价

回顾医院实习，学生对自己的表现都有一个自我评价，这也是专业实习的内容安排之一，对此，被访者这样表达他们的看法。

> 因为我们那边要求完成一个小组，其他的也没有什么具体的安排，我要求自己在医院要多跟服务对象接触，多跟他们聊一聊有什么问题和需求，我都会跟他们去聊天，我觉得他们可能会有经济问题，这个问题可能特别严重，然后我也会去找我们那边的督导去反映这边的情况，然后问他有没有可以申请救助的，虽然医院会有很多申请救助的，但这是不公开的，所以我也没办法把这些信息都告诉那些家长，我也没办法帮他们解决，所以感觉也没有太多实质性的帮助，对他们心理上的疏导可能会多一点，我觉得自己的表现还可以吧。打 80 分吧，可能那 20 分是专业性还不够，但是我对自己还是有要求的。（MSW6，C 医院）
>
> 在实习中，我觉得我对待每一个工作还是很投入的，比如说我要做个案，我会很投入去帮助那个案主，或者是在做小组的过程中很为那个

案主考虑，但是我对我整体的表现也不是很满意。（MSW3，B医院）

上述资料表明，有些人比较明显地表达了自己的不满意，为此，研究者对被访者整体表现不满的地方进行了追问。

> 我就觉得没有做到我想要的那个水准。但我觉得医务社工的实习对我帮助比较大，因为我至少了解了医务社工，我之前没有专门的社工（经验），什么个案、小组、社区，但是我通过实习，通过写那个作业，通过很多方面，制定目标、分目标、筹集资源各种，那一整套的模式还有整套流程我是了解的，之前我都是不了解的，所以我觉得在实习的过程当中我还是收获很多。（MSW）

在医务社工的实习过程中，学生们对自己的实习表现都有了一个判定，对于专业知识还有工作任务的完成，有满意的地方，同时也会对自己实习中的表现存在遗憾与不满。

3. 成长与收获

在进入医院之初，作为实习生对医务社工一无所知，怀着对医务社工的几分好奇，抑或就是为了完成实习任务，在接触、了解、亲身体验后，医务社工带来的成长与收获是什么，能够在这个过程中学到什么。

（1）个人成长

因为社会工作专业的实习需求接触到了医务社工，了解到了医院的运行体制，因为实习的关系，让自己对中国的医疗环境有了一个清楚的认识，对医护人员的工作也有了一个更深刻的体验。

> 我觉得我以后应该没有机会在医院里工作了，就是如果不做医务社工的话，我又不是医生，我应该不会去医院工作了。我觉得这个经历还挺宝贵的，就是我知道了医院里医生还有护士的工作状态，其实护士特别累，他们天天特别忙，护士站里面很少有很多人，还有就是患者，真正的在那个……我本来就不喜欢医院嘛，其实我进医院之后，天天跑病房，反而对它的抵触就降低了很多，然后每个科室都去过都接触过，我不舒服的时候我还去中医科治疗了。（MSW1，G医院）
> 在F医院实习之后，因为跟医生相处的时间比较长，才了解到医

生真的很辛苦，之前如果医患之间有矛盾我觉得肯定都是医生的错，实习之后如果有矛盾出现，我大概会站在医院的角度，基本上都是患者无理取闹，因为我们在门诊的时候也真的会有患者无理取闹到我们都无奈的地步。我们会更加理解医生这份工作的辛苦，也会站在他们的立场和角度来想东西。（本科2，F医院）

医务社会工作对于实习生来说，是一个新的领域，在面对这个新领域的时候，也是实习生们对自己发出的挑战，从个人来说，这是对自己的一个新的突破，再者，特别是在上海这座现代化发展程度高的城市，学生们所接触的医务社会工作的发展往往是该领域最新的发展状况，因为自身的地理环境、经济优势，来自港台、海外的先进的社会工作相关学术论坛、实务交流会议也常常会在上海举办。

影响这方面，因为我之前也参与过（医务社工实习），本科的时候也做了一定的思想准备，关键的话更多的是成长吧，倒是没有什么冲击。那些让你很担心的病我已经大概接触过了，所以也没有特别的冲击，没有想到医务社会工作在上海还是发展得挺好的，总体上各种机构还是挺兴旺的，但到底是不是空壳我就不知道了。我感觉视野是拓宽了很多，实习经验也积累了不少，毕竟我们学校包括我本科同学们都在这里上学，大家一起交流经验的时候也会发现，可能你是无意识的，你没有刻意地去提升什么，但就在你不注意的情况下获得了一些很好的经验，拓宽了视野。（MSW2，H医院）

我就觉得在医院实习之后再去别的地方实习会变得游刃有余，因为我觉得我这么抵触的地方都去过了，其实没有想象的那么困难，就是接触之后还好，有时候你需要克服一些心理压力，慢慢地去适应那个过程之后，我觉得好像还好，我就觉得那样的我都适应过来了，那我再去别的机构别的领域实习应该也能很快适应环境。（MSW5，E医院）

（2）专业收获

社会工作的专业实习一个主要的发展方向，是社会工作的学生们在实务中不断地磨炼自己的实务技巧，离开书本进入实务，在实习的过程中面对各式各样的状况，由开始的不知所措到找到属于自己的应对技巧，在这个调整磨合的过程当中，对医务社会工作的实务操作、发展状况能够有一个清楚的了解和明确的认知。

> 其实我感觉教会我最多的还是学姐，就是在社区活动策划过程中，每一步要怎么做，框架要怎么梳理，细节怎么填，这个对我来说是比较有用的技巧。我以后策划活动至少有个方向，知道应该怎么做，应该注意什么。（本科1，C 医院）

通过专业的实践，实习生们对社会工作有了多样的体会，对于社会工作的专业发展也有了一个新的体会与认识，在自己的职业选择上也因此有了一个明确的方向。

> 我觉得可能让我更加清楚地认识到医务社工这一块发展的还很不足，还有就是我觉得自己不太适合在那边工作。（MSW6，C 医院）
>
> 影响较大的就是我想在医院做社工，因为我比较认可社工这个理念还有价值观，想做一个助人者，加上在医院所处的这个环境，觉得病患跟家属会更需要我，因为生理上遭受病痛的折磨，心理上精神上也会出现各种各样的问题，我现在是觉得他们会更需要。然后再加上受学姐（医务社工）的影响，我觉得榜样的影响也是蛮强大的。（MSW7，C 医院）
>
> 这段经历的影响，就是我认为，社工在国内这种不认可的大背景下，让我对我之后从事社工有一定的考虑。我觉得是否做社工还有待考虑。（MSW3，B 医院）
>
> 我觉得我对社工更加认同了吧，真的在认真做事，也能够给别人带来很多帮助，然后就是不要太把社工神圣化了，它也就是一个职业而已，一个为人服务的，不要说我每天很高尚（我一直在为别人做什么），这不过就是一个职业。（MSW8，A 医院）

社会工作是一门需要投入热情的工作，从狭义的角度来说，社会工作强调的是"扶贫济弱"，服务对象是社会上的弱势群体，广义上社会工作的服务对象是有需要的群体。不管是狭义的弱势群体还是广义的需求群体，社会工作者经常要面对来自案主的负面情绪，也常常会面对种种无奈境况。

因此，对社会工作持有热情、认同其价值理念、愿意在这个行业里面去付出、发展本土社会工作的社工来说，有过相关医务实习经历能够更加明确对医务社工的认同，有助于行业的发展。

七　医务社会工作实习过程中的问题和反思

（一）医务社工在医院体制中的融入

社工学生在医院实习最大的困惑之一是常常被人与志愿者混淆。医院的志愿者在服务的过程中，已经获得了医院患者、医护人员以及病友的认同，志愿者良好的服务形象已经在大众的心中建成。因为医务社会工作与志愿者关系密切，在医院的服务过程中常常被人误解，认为医务社会工作就只是管理志愿者的一个部门或者直接将两者概念认为是等同的，在医院环境当中，医务社工的认知度尚且不够，更不要说对社会工作的认同，医务社工的认知还需要有很大的提升。

　　一般情况像医院里面也要分的，不是说所有的科室都需要社工去服务，所有的患者也都需要接触社工，我们其实就是社工，只是还没有完全做社工专职的事情，就是还在做很多其他的行政工作，我们在能力有限的情况下尽量是做跟社会工作相符度比较高的事情，比如心脏病的、血液肿瘤科的、肾脏科的、神经外科的，还有像做完手术的，到这种科室去开展一些活动。其他科室像一次性住院、肺炎这种相对来说我们去干预介入的就比较少。在我们开展工作的过程当中，接纳程度最高的就是血液肿瘤科，因为我们经常去，他们对社工都有印象了。其他科室有社工进去开展工作的，他们基本上能够知道社工跟志愿者的区别，一般如果没有进去开展过还是分不清楚志愿者、社工跟义工的区别。（主任1，C医院）

（二）医务社工实习生的专业支持

1. 医务社工的专业督导

社会工作是一门实务性强的学科，实务经验对于社工来说是一项重要的衡量指标。在医院的专业领域中，社会工作的学生在进入的过程中会因为自己的非专业性产生退却的心理，面对复杂多样的实务情景，很容易遭受打击，在进入领域服务的过程中，也很容易因为不熟悉、不规范的实务演练而达不到实习应具有的效果。

医务社工的专业督导可以说是非常有必要的，然而从实习的现实状况看来，专业督导的状况可以说是千差万别。上海地区的医务社会工作起步早，发展也比较迅速，在较早建立医务社工部的医院里，已经积累了本土实务经验，招聘的社工都是拥有专业教育背景的硕士研究生，有的还具备海外留学经历。然而在有些刚发展社工的医院里，社工部建立的时间有限，医务社工积累的实务经验也有欠缺，基本上不能够达到专业督导的资质。而在学校这一方面，专业出身的教师资源缺乏，教师虽然从事社会工作的教学，但是自身缺乏相应的实务经历，在督导的过程中不能很好地回应学生在实习中遇到的问题，特别是针对专业性较强的医务社会工作。

2. 学校的课程培训

学校的课程培训是对社会工作者专业性的塑造，在学习到社工的相关理论知识后，学生将课堂所学运用到实际过程中，能够加深自身对专业课程的体会，对社会工作能够有更深层的认识。

> 我感觉我们学校开设的课程像伦理课、实务技巧还有医务社工就是一些研究方法的课，还有一些政策类的课，我感觉可能刚开始我们在上课的过程中没有多大的体会，认为好像都是一些偏理论的东西，但是在实习的过程中慢慢通过一些很具体的事情去体现你学的东西，刚好我们研二下学期实习的时候还在上课，上课的时候就可以把你在实习中遇到的有些问题跟你上课学的东西刚好相关，就可以拿出来直接跟老师和同学们分享，当然肯定隐去各种信息，让你的思维逻辑更清晰、更专业，往专业化的方向去发展，我发现我们上的课程还是挺有用的，上的时候没有体会，用的时候感觉还是可以的。（MSW7. C 医院）

> 有一定的帮助，因为学校里面学到的课程让我们知道社工的角色定位是什么，我们的任务是什么，然后我们的三大工作方法是什么。不过像医务社工，我觉得最重要的是我们在学校里学到的伦理知识，就是在我们的工作过程中会遇到很多的伦理困境，比如我们在小儿骨

科读绘本跟孩子的关系处得很好，这时候小孩子向我们撒娇要吃棒棒糖，这时候我们是买还是不买？或者说小孩子的爸妈也很喜欢我们，有一个小孩子的爸妈每次去都要给我吃西瓜，我是吃还是不吃？那时候我们就要想到当时学的伦理课程，我们要和案主保持一定的距离。学校里面开设的课程有一个很强的指导作用。（本科2，F医院）

社会工作注重实践，但同时也会强调自身的专业性，而理论与实务两者应该是并行发展的，这是理想发展的状态。在中国的社会工作教育体系当中，理论教学的发展先于实务的发展，社工的实务发展要滞后许多。在社会工作的课堂上学习到的多是来自西方文化背景发展下的社会工作，对本土状况发展联系的较少，教学内容与实际发展是脱节的，这也是导致学生在实务过程中产生心理落差的原因之一。

教学内容更多是偏理论性的吧，实习是偏实务性的，所以感觉是有点脱节。因为理论和实务要结合到一起，我们上完了课去实习了也不知道做了什么，回来上课的时候也没有人问我们遇到什么困惑，大家一起解决。（MSW2，H医院）

对实习啊，说实话帮助并不是很大，我对开的课并没有什么感觉。其实我们学校的这个学期很短，就这个课可能你刚进入状态有点感觉的时候就已经结束了，而且也没觉得自己学到什么东西。（MSW1，G医院）

学校这边，就医务社会工作这门课程来说，我觉得没有学到我想要的东西。我觉得这个课应该对医务社工有一个全面系统的梳理，然后再跟我们来分享，但是在我们的课程中我觉得老师没有一个系统思路。其他课程，我觉得不能与时俱进。（MSW3，B医院）

在学校设置的专业课程所提供的支持方面，就某些方面来说尚能够满足学生的需求，但整体来说对学生所提供的专业支持还远远不够，课程教育与实际的实务发展存在脱节现象，并且缺乏一个明确完整的教学思路，而这些也正是学生对学校课程设置不满的主要原因。

（三）对医务社会工作实习模式的反思

从上述研究中可以得知，学校、医院、学生三方是实习的主要因素，它们构成了一个相互作用、相互联系的整体，这三者之间互相作用状况见图 1。

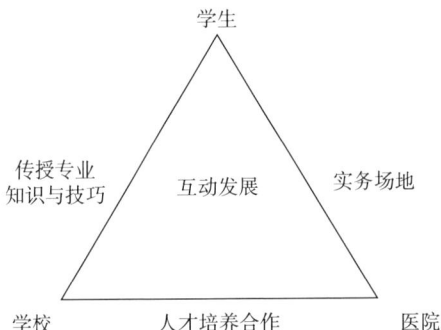

图 1　医务社会工作实习影响因素和相互作用

我们可以看到三者之间的关系应该是相互发展的，呈现出良性互动的状况，但是在发展的过程当中，三个要素之间的联系是不够稳固的，学校对学生的专业支持还不够，而医院对学生提供的专业辅助也还有很大进步的空间，学校与医院之间的合作关系已经建立，但建立长久稳定的合作关系还需要更多的投入。

基于上述思路，本文绘制了目前上海医务社会工作专业实习的基本过程和模式（见图 2），其中存在许多可以进一步改进的地方。

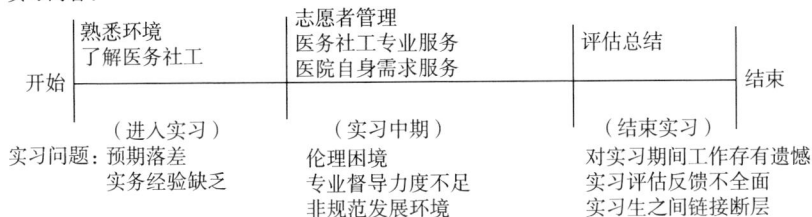

图 2　目前医务社会工作实习模式

对于医务社工人才的培养，现有的医务社工发展环境为社工实习生们提供了丰富的选择机会，在医院这个较为规范、统一的体系当中，医务社工实习生通过医院的实习体验，在专业技能上得到了磨炼，同时在个人方面也收获了宝贵的人生经验。但是，医务社工实习生与医务社工通过自己的亲身体会，仍然提出了医务社工人才培育的改善意见。

一个是医务知识，还有一个就是如果完全按照理论照搬的话，会很受伤的，因为社会工作的理论基本上都是西化的，跟中国的传统文化和社会制度相对来说还是有很大差异的，学了之后好像感觉自己是救世主，什么事情都可以做，结果一到实习过程当中好像什么都不能做，这里碰壁那里碰壁，就会丧失对专业的信心，其实社工这一块还是可以做的，但是你要自己定位准确，做自己能做的事情，而不是什么都大包大揽，这样的话你就没办法去做。(主任1，C医院)

医务实习生的能力都需要提升，专业能力，包括学术方面，你的策划能力、开展活动的能力，还有很多包括处理问题的能力、综合素质都需要提升。(毕业1，G医院)

我觉得我们学校(S大学)相对来说给的实习时间是非常充足的，但是我觉得实习更需要理论方面加强一点，因为到机构来，有时候我发现他们理论方面反而不是特别的好。有时候让他们开展一个活动，比如说做一个简单的冥想。不仅仅在操作上和理论上，比如说开个案的时候让他运用理论来解决的时候，他可能就搞不清楚那个理论到底是用来做什么。你用书本上的话问他那个点是什么，他都可以回答出来，但等到实际要用的时候就不知道怎么运用，脱离课本就不知道怎么去运用了。(毕业2，G医院)

对于来到医院的实习生，医务社工们更希望他们能对医务社工实务环境有一个清楚的了解，在面对医务社工的实务情景时也能有一个比较平和的心态，同时学生的理论学术能力还有所欠缺，面对实务情景如何将课堂上所学到的东西应用到实际操作中，将理论知识与实务情景结合的能力还有待加强。

我感觉老师教学的话是不是应该针对一下学生的兴趣呢？比如说我们大家完全就不懂，因为你每个人的方向兴趣完全就不一样，那大家做社会工作有很多块，为什么挑一个极小块的人，针对一些极小块的人在讲，就是这样，我感觉没有针对性的对待学生。(MSW2，H医院)

我觉得学医务社会工作，以后要去做医务社工的话你还是要懂一点医学的知识吧。不仅仅是常识，你去肿瘤科什么的，我觉得你最好把整个病理什么的都学一下，学校如果有什么机会，我建议找一些医学院或者是医生定期过来讲一些相关的病理，就是你进医院里面，不管你是跟医生讲还是跟护士讲，就是你对这个病什么都不懂，他们也不想对你解释那么多，他们本来就挺忙的，他们会想你什么都不懂还想对我的病患去做什么事情啊，你整个人会给他们一种特别不专业的感觉，如果态度差一点的话，他们可能就不会让你去做，而且本来你跟那个患者去接触之前，稍微了解一下这个病理或者是懂一点专业知识的话，会有很大用处的。（MSW1，G 医院）

对于医务社工实习生来说，他们希望能够在学习的课程当中接触到更贴近实际的医务社工教学，在课程开设的时候希望老师能够更多地关注学生的学习需求，面对发展尚在起步阶段的医务社会工作，更期待一套关于医务社会工作发展完整规范体系的出现。

根据研究资料及深入分析，本文认为可以构建一个新的医务社会工作实习模式，以帮助学生、学校和医院更好地安排专业实习的内容，推进专业实习更加科学和完善地发展（见图3）。

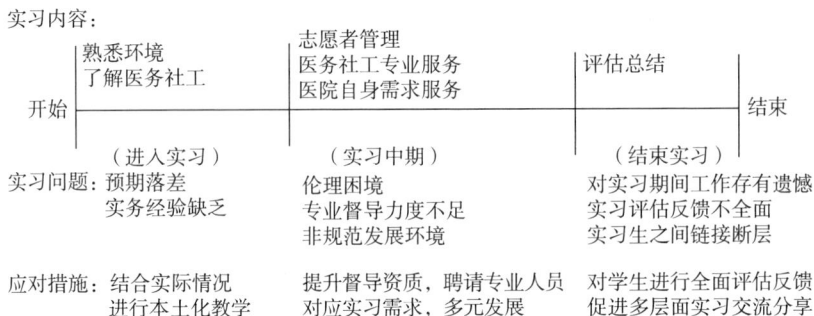

图 3　改善后的医务社会工作实习模式

从图 3 可以看到，虽然仍是从开始到结束的三个实习阶段，但是，改善后的医务社会工作实习模式，更加强调对学生遭遇的实习问题和实习困境的应对措施和及时回应，只有如此，才能保证学生专业实习的有效性和专业的提升。

参考文献

蔡屹、张昱，2013，《定位：医务社会工作的发展策略研究——以上海为例》，《华东理工大学学报》（社会科学版）第 5 期。

曹继军，2015，《上海 152 家单位试点开展医务社会工作》，《光明日报》1 月 26 日第

6 版。

陈红、郝徐杰、关婷、王杉，2013，《北京大学人民医院医务社会工作的实践与探索》，《中国医院》第 4 期。

陈璐、徐选国、王荣、王志中，2009，《医科院校社会工作专业实习机构建设探索》，《社会工作》下半月（理论）第 8 期。

古学斌，2011，《三重能力建设与社会工作教育》，《浙江工商大学学报》第 4 期。

何彦婷，2014，《社会工作专业硕士（MSW）的实习过程研究》，硕士学位论文，华东理工大学。

季庆英，2015，《上海医务社会工作的发展回顾》，《中国卫生资源》第 6 期。

姜华，2013，《医务社会工作专业现状及教学实践模块——以北京社会管理职业学院社工系为例》，《社会福利》（理论版）第 3 期。

姜华，2013，《医务社会工作专业现状及教学实践模块——以北京社会管理职业学院社工系为例》，《社会福利》（理论版）第 3 期。

李沐潼，2014，《医务社会工作实习研究》，硕士学位论文，山东大学。

刘继同，2012，《改革开放 30 年以来中国医务社会工作的历史回顾、现状与前瞻》，《社会工作》第 1 期。

马芒、邓金叶，2016，《医务社会工作介入的路径及其发展前景——基于 H 市 J 医院心脏外科重症病人的实证调查》，《四川理工学院学报》（社会科学版）第 1 期。

齐建，2011，《对医务社会工作实习教学的几点思考》，《基础医学教育》第 4 期。

秦安兰、吴继霞，2014，《医务社会工作学校、医院与社会合作模式》，《医学与哲学》（A）第 2 期。

沈巴斯，2015，《社会工作者专业化过程中的身份认同研究》，硕士学位论文，华东理工大学。

史柏年、侯欣主编，2003，《社会工作实习》，社会文献出版社。

苏海、史娜娜，2015，《"一般系统论"视域下本土医务社会工作实践的路径创新——基于 N 区"医路同行"项目的个案研究》，《社会工作与管理》第 5 期。

孙彩琴，2014，《我国大陆医务社会工作的发展策略研究》，硕士学位论文，中国青年政治学院。

孙振军、杜勤，2014，《对于医务社工在开展志愿服务项目中的角色探讨》，《中国医学伦理学》第 4 期。

谭卫华，2007，《高等医科院校社会工作实习途径分析》，《包头医学院学报》第 4 期。

万江红、逯晓瑞，2008，《从参与角色看中国社会工作实习教育的现状》，《社会工作》下半月（理论）第 9 期。

王丽，2010，《当前医务社会工作教育的思考》，《山西医科大学学报》（基础医学教育版）第 12 期。

王丽、王志中，2016，《医务社会工作实习督导之困境及其模式创新研究》，《医学与法学》第 4 期。

王思斌、阮曾媛琪、史柏年主编，2012，《中国社会工作教育的发展》，北京大学出版社。

王文彬、余富强，2014，《社会建构理论视角下的社会工作者身份认同研究——以深圳市社会工作者为例》，《社会工作》第 6 期。

温信学，2011，《医务社会工作》，洪叶文化事业有限公司。

武扬帆，2012，《嵌入性医务社会工作实务初探》，硕士学位论文，南京大学。

夏梦凡，2016，《社会工作硕士教育的困境与反思——基于江苏省七所高校的实证研究》，《当代经济》第 4 期。

肖慧欣，2008，《职业化背景下的医务社会工作职业资格认证考试制度探究》，《中国考试》（研究版）第 9 期。

肖慧欣，2010，《我国高等医学院校医务社会工作专业人才培养模式探讨》，硕士学位论文，福建医科大学。

肖萍，2006，《社会工作实习教育模式的本土性探讨——资源概念的引入》，《南京社会科学》第 3 期。

肖小霞，2007，《社会工作实习教育的困境与出路——角色理论的视角》，《重庆城市管理职业学院学报》第 2 期。

姚进忠，2010，《社会工作实习督导模式的本土建构——批判教育学理念的引入》，《华东理工大学学报》（社会科学版）第 3 期。

余瑞萍，2012，《医务社会工作实习中专业价值观与现实处境的冲突与融合》，《福建医科大学学报》（社会科学版）第 1 期。

曾丽萍、全祖赐，2015，《卢曼社会系统理论视域下社会工作实习教育研究》，《社会工作》第 3 期。

张敏杰、倪婉红，2011，《社会工作实习联合督导浅析》，《社会工作》（学术版）第 1 期。

张曙，2012，《我国社会工作实习教育整体性合作模式探讨》，《南京理工大学学报》（社会科学版）第 1 期。

赵一红、黄建忠、赵芮，2013，《中国社会工作教育——中美的研究与比较》，社会科学文献出版社。

郑晓辰，2015，《上海市医院社工部发展现状分析》，《医学与社会》第 8 期。

周利敏，2012，《趋同与趋异：社会工作专业教育模式比较》，社会科学文献出版社。

佐一男，2015，《医务社会工作者角色的中澳比较研究》，硕士学位论文，华中师范大学。

都市社会工作研究　第 6 辑
第 151～174 页
© SSAP，2019

系统理论视角下医务社会工作实习
互动机制的研究

胡亚玲　陈　佳*

摘　要　随着国家卫生健康委员会颁布的《进一步改善医疗服务行动计划（2018－2020 年）考核指标》落地，我国对于医务社会工作人才的需求将日益增加。通过深入访谈 21 位研究对象和 400 小时的参与式观察，本研究在系统理论的指导下分析医务社会工作实习系统中个人系统、学校系统和医院系统之间的互动关系。最后，从当下医务社会工作实习过程中的问题出发，结合以往的相关实习经验，为参与其中的主要群体——实习学生、学校督导、医院督导和医护人员提供可借鉴的建议，促进医务社会工作专业实习本土机制的发展和完善。

关键词　医务社会工作实习　系统理论　学校督导　医院督导

一　研究背景

近年来，随着医疗体制的改革、医学模式的转变——从传统的“生物”医疗服务模式转向一种全新的“生物－心理－社会”医疗服务模式，一种全新的职业角色——医务社会工作者，在医院中开始扮演重要角色。

---

* 胡亚玲，上海大学社会学院社会工作专业硕士；陈佳，上海大学社会学院社会工作系讲师，研究方向为家庭老年学、老年和家庭社会工作等。

2018 年 10 月底，国家卫生健康委员会颁布了《进一步改善医疗服务行动计划（2018—2020 年）考核指标》，其中医务社工制度首次被单独列为一级指标，其分值占总分的 6%。这一文件的颁发意味着将在全国的医疗卫生机构中设立医务社工部门，招聘医务社会工作者。现如今，中国医务社会工作发展不平衡不充分，我国很多地区医务社会工作尚未起步，而在一些发达的大城市中医务社会工作发展得相对较好。比如，上海早在 2012 年就推行医务社会工作的发展。上海市卫生局、上海市教育委员会、上海市民政局和上海市人力资源和社会保障局于 2012 年 11 月 19 日联合印制颁发了《关于推进医务社会工作人才队伍建设的实施意见（实行）》。

目前，上海基本形成了高校与医院合作培养医务社会工作人才的模式。在经过高校体系化的理论知识和社会工作技巧的学习后，由高校安排学生进入医院进行医务社会工作的专业实习。但是，由于医务社会工作尚处于探索阶段，在发展过程中经常会遇到各种各样的问题，影响医务社会工作实习的效果，不利于医务社会工作人才的培养。从当前情况来看，上海市医务社会工作实习呈现一种参差不齐的发展状态。一方面，因为医务社会工作教育界尚缺少供专业老师参考的科学具体的实习手册和要求，更多的时候，学生则是根据实习地点的实际情况和需求完成相关的实习工作。学生在医院实习过程中可能涉猎较多非专业相关的工作内容，不利于专业技能的提升，甚至可能破坏学生对医务社会工作的专业热情和期待。另一方面，对于在医院能够接触到医务社会工作专业实习内容的同学来说，他们在实务过程中经常会遇到专业和情感方面的困惑。有限的督导机制只能解答部分疑问，影响医务社会工作专业实习的效果。

以往对于医务社会工作实习的研究更多是从实习学生、督导、相关制度等角度出发，未能考虑到与医务社会工作实习相关的其他群体。实际上，医务社会工作实习的开展涉及多个系统，包括个人系统、学校系统和医院系统。本文依据系统理论，分析出参与医务社会工作实习的三大系统以及系统中的元素，旨在回答以下研究问题：第一，医务社会工作实习中各系统是如何互动的；第二，相关的群体如何参与到医务社会工作实习中。在此基础上，本研究运用互动理论的视角分析医务社会工作专业实习的互动机制，顾及所有参与到医务社会工作实习的群体。为未来有关医务社会工作实习的研究拓展研究视角和思路。

二 文献回顾

在社会工作前加上"医务"这两个字，这就意味着医院将成为医务社会工作的主战场。对于医务社会工作实习来说，医院是医务社会工作实习的首选和最重要的场所。当社会工作实习生进入医院进行专业实习时，医院应充分发挥其独特的优势，同时需要整合各方面有利资源去推动医务社会工作实习（陈璐、齐建、何志晶、王洪奇，2009）。从近年来对于医务社会工作实习研究的相关文献来看，学者们一般都注重从学生、督导、相关政策的角度去阐述当下医务社会工作实习存在的问题，同时更多的只是去解释相关问题存在的原因，或者去倡导制定相关的政策，从宏观的层面上强调实习对于医务社会工作学习的重要性。较少有学者能结合具体的问题为医务社会工作实习提出一些可实际操作的建议，也很少有学者能关注到医务社会工作实习中的其他相关群体。

（一）医务社会工作实习中的问题

从以往相关研究来看，在医务社会工作实习过程中主要存在的问题有：实习时间过短、社会工作实习生的知识不全面、实习过程中督导尚未发挥出应有的作用、医院和学校之间对于实习生的要求不匹配、医务社会工作实习的相关制度规范存在严重的不规范等（姜华，2012；刘慧等，2014；谭卫华，2007；齐建，2011；张曙，2012；郑玥，2015）。

对于医务社会工作实习未达到事先预设成效的现状，学者们结合当前我国医务社会工作实习的情况，总结出以下原因。第一，实习在教育过程中不被重视。从我国整个大环境来看，在教育过程中，实习相对理论学习是欠缺的。万江红和逯晓瑞（2008）认为中国大陆社会工作专业实习一直是其专业教育和发展的薄弱环节。在这样的背景下，医务社会工作实习也是其专业教育过程中相对薄弱的环节。第二，缺少全面专业的督导。在医务社会工作实习过程中一般采取的是双督导模式——学校督导和医院督导。学校督导一般是专业教师，医院督导是医务社会工作者或医护人员。社会工作专业的学校督导一般对于医学知识和医院的情况了解较少；医护人员一般缺乏社会工作的专业知识（肖萍，2006；杜婷、贾婷婷，2017）。在这样的督导情况下，学生能够获得全面专业的督导机会是较少的。第三，学生的主动性较差。实习学生在实习过程中遇到问题时缺乏寻求帮助的积极主动性，常常需要老师主动去问学生在实习过程中是否存在问题、是否需要帮助（刘慧等，2014）。实习学生和督导方面的问题都影响着医务社会工作实习。

（二）系统理论与社会工作

20 世纪初，玛丽·里士满和珍·亚当斯最先将生态系统理论应用于慈善组织会社和睦邻组织运动，并分别以不同的方法倡导和推行"人在情境中"的理论范式（曾雅丽、周志荣，2011）。平卡斯和米纳汉于 1973 年较详细地将系统观点纳入社会工作实践模式。系统理论运用于社会工作实践时，界定了社会工作的四个基本系统——案主系统、目标系统、行动系统和改变媒介系统。平卡斯和米纳汉认为有三种系统可以帮助人们，即非正式系统、正式系统、社会系统，这些关于系统的论断为社会工作的助人活动提供了介入的蓝本（朱东武，2001；卓彩琴，2013）。

近年来，很多学者把系统理论与社会工作进行结合，分析和解决不同的问题（陈静、叶丽凤，2002）。研究者把学生工作架构与社会工作相结合，以系统理论为视角，把社会工作理论与系统相结合，提出了以组织架构系统性、工作对象多样性、介入方法整合性为特征的高校学校社会工作架构。闫磊（2013）从系统理论维度分析中国社会工作的发展路径，用生态系统中的融入、共生与竞争来解析社会工作职业化发展路径。齐建（2011）以布朗芬布伦纳的思想为基础，把医务社会工作看为微观系统、中观系统和宏观系统。季钦（2010）使用系统理论对社会工作实习督导模式进行研究，将督导行为看作一个系统，认为在这个系统里面还存在机构系统、院系系统、实习学生小组系统和其他支持系统，这些系统共同为实习者提供督导。

三 研究设计

（一）研究框架

当代社会系统理论创始人尼克拉斯·鲁曼认为，系统之中有系统，每个系统既是系统本身，又是一个独立于自身之外而运作的其他系统（高宣扬，2016）。如果将医务社会工作实习看成一个系统，那么在这个医务社会工作系统之中还存在其他系统。对与医务社会工作实习相关要素进行划分，可分为个人系统、学校系统和医院系统。在个人系统中主要元素有实习学生；在学校系统中主要元素有学校督导老师和同辈团体；在医院系统中主要元素是医院督导老师和医护人员。系统的互动性是促进系统不断变迁的关键力量（高宣扬，2005），在医务社会工作实习过程中各系统及各元素都存在互动，产生不同的互动形式。乔治·齐美尔早在 19 世纪末就总结出了社会互动的形式主要有交换、合作、冲突、竞争和强制（波普诺，1999）。运用互动理论可以清楚地分析医务社会工作实习各系统之间、各元素之间的互动形式。

图 1 中虚线围成的正方形代表医务社会工作实习系统，其中三个不同大小的圆圈体现其在医务社会工作实习过程中参与度不同，按照从大到小的顺序，依次是个人系统、学校系统和医院系统。在每个系统中又有所属的元素。两个圆圈重叠的部分表示两系统间的互动，灰色的部分是三个系统重叠的部分，表示三个系统之间的互动。

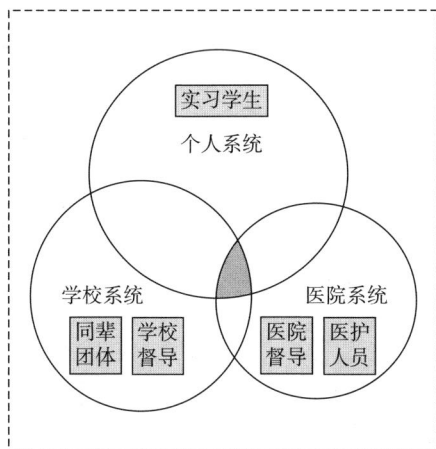

图 1　医务社会工作实习过程中各系统互动情况

（二）研究方法及对象

本文主要采用的研究方法是深入访谈法和参与式观察法。运用深入访谈法，本研究访谈对象共 21 人，分别为个人系统中的实习学生 6 人，学校系统中的学校督导老师 4 人，医院系统中的医院督导老师 5 人、医护人员 6 人。本研究访谈对象抽样标准为：首先，选取上海市 S 大学 2017 级社会工作专业硕士班级，所选取的学生均为在读研究生（因为目前上海大多数医院招聘医务社会工作岗位的学历要求是硕士及以上）；其次，根据 S 大学 2017 级社会工作专业硕士医务社会工作实习的医院类型、等级情况确定选取 5 个不同类别的医院——三级综合、三级专科、二级综合、二级专科、一级医院（社区卫生服务中心），并结合 S 大学 2017 级社会工作专业硕士学生医务社会工作实习时长情况，确定所要访谈的学生；再次，根据选取的学生，确定需要访谈的学校督导和医院督导，这两种督导分别是该学生在学校和医院的责任督导；最后，医护人员由滚雪球的方式进行样本采集，医护人员的选取有部分（D1 - 1、D1 - 2、D4、D5）① 是通过在该医院实习的学生的介绍，还有一部分（D2、D3）是通过该医院督导介绍。访谈对象的基本特征如表 1 至表 5 所示。

表 1 访谈对象

医院等级	实习学生（S）	学校督导（T）	医院督导（H）	医护人员（D）
三级综合	S1	T1	H1	D1 - 1；D1 - 2
三级专科	S2 - 1；S2 - 2	T2；T1	H2	D2
二级综合	S3	T3	H3	D3
二级专科	S4	T4	H4	D4
一级医院	S5	T1	H5	D5

表 2 实习学生基本概况

实习学生	性别	本科学校地点	医务社工实习时长情况
S1	女	上海	医院实习 400h；转到基金会实习 400h
S2 - 1	女	江西	2 位同学都是医院实习 400h；转到社会组织
S2 - 2	男	山东	
S3	女	四川	在社会组织实习 160h；转到医院实习 240h；转到基金会实习 400h
S4	女	广东	一直在同一家医院实习 800h
S5	女	河南	医院实习 800h；中途换到另一家医院

① 为了尊重个人隐私，所有的研究对象使用字母数字代替，同一种字母的表示同一种类别的人群，数字以示区分同一类别中的不同的人。

表 3　医院督导基本情况

医院督导	性别	学历	专业	职务	医务社工工作经验
H1	男	社会工作	硕士	专职社工	5 年的医院专职社工
H2	女	社会工作	硕士	专职社工	1 年的医院专职社工
H3	女	护理学	学士	社工部主任	10 余年的医务社会工作
H4	男	社会工作	硕士	专职社工	5 年的医院专职社工
H5	女	护理学	学士	病区护士长	2 年，兼顾医务社工部的相关工作

表 4　医护人员基本情况

医护人员	性别	职务	学历	工作年限	如何了解医务社工
D1 - 1	男	医生	博士	2 年	通过港片知道社工
D1 - 2	女	护士	学士	5 年	从 2 年前社工实习生进入科室才有所了解
D2	女	护士	学士	6 年	从 3 年前科室里开始有医务社工时才了解的
D3	男	医生	硕士	4 年	不太了解医务社工
D4	女	医生	学士	7 年	3 年前知道医务社工
D5	女	护士	大专	3 年	1 年前开始和医务社工有接触

表 5　学校督导基本情况

学校督导	性别	职称	督导经验
T1	女	副教授	6 年
T2	女	讲师	1 年
T3	女	讲师	3 年
T4	男	副教授	8 年

　　笔者在上海市一家三级专科医院实习 160 小时，在一家三级综合性医院实习了 240 小时。在此过程中，笔者不仅作为一名实习生，同时也作为一名研究观察者，观察到实习学生在医院实习过程中的困惑，及其与医院督导、医护人员之间的互动；在学校，观察到实习学生与同辈团体及学校督导老师之间的互动。

四　研究结果

　　本文的研究结果主要聚焦于两个方面：第一，医务社会工作实习过程中各系统的互动形式；第二，针对相关群体参与医务社会工作实习提出对策和建议。

（一）医务社会工作实习过程中各系统的互动形式

1. 个人系统与学校系统

个人系统中的主要元素是实习学生，学校系统中的主要元素有同辈团体和学校督导老师。他们三者互动比较频繁，既有正面形式也有负面形式的互动。

（1）学生与学校督导

第一，合作。学生与学校督导之间的合作关系在实习前已经建立。对于实习地点的选择，一般情况下，老师会提供相关医院的信息，学生根据自己的兴趣选择一个想要去实习的医院。在实习地点的选择上，实习学生和学校督导之间呈现一种合作的互动形式。

> 我们在安排的时候大体上叫作双向选择，一方面我们展示我们有那么多机构、那么多医院，另一方面会结合学生自身的意愿。他自身愿意从事医务社工，有这样的强烈意愿是很重要的。(T4)

合作形式的互动发生最多的时间段是学生到医院实习时。医务社会工作实习任务不仅包括专业实习内容，而且包括专业督导过程。完成实习任务对于实习学生来说是完成学业的要求；对于督导老师来说，对学生进行专业督导是老师完成自己工作任务的需要。

> 基本上一周一次当面的督导，前两个学期，后面因为大家都比较顺了、熟了，就不见得一周一次。团体督导，每个星期都要开的，一开就是大半天；批阅实习日志，会反馈日志中的一些问题，了解到后会答疑一下；书面的，当然还有微信、电话等，这些就比较零散，尤其是有些我觉得还蛮特殊的，连着两周都是这个样子的，可能这个学生问题还蛮大，我就会单独找他，做个别的督导。(T3)

第二，冲突。实习学生和学校督导老师所站的立场不同，所以在对部分问题的看法上存在分歧，这可能会导致冲突形式的互动。对于实习地点的选择，学生和老师会有不同的观点和选择标准。学生关注的是，去医院所要做的工作、是否有补助、路程的远近、医院督导是否友善等；而学校督导关注的是，是否有利于学生的成长、学生未来的职业发展、毕业论文的资料收集等方面。

> 学生在实习之前肯定会问你们的学长，学长的反应你们可能会更加信任，而老师说的很多时候你们不见得会愿意去听；因为老师是老师的一个层面，也可能从我们角度确实好，从学生的角度就不那么好。（T3）

虽然在督导过程中，合作是实习学生和学校督导之间较频繁的互动模式，但是，两者之间也偶有冲突发生。在督导过程中，学生一般会提出自己在实习过程中的困惑和问题，向学校督导寻求帮助。由于学校督导可能对当时学生所处环境和服务对象的情况不了解，所以学校督导给出的建议可能并不能很好地解决问题，使学生对学校老师的督导产生不满。

> 学校老师每周看我的实习日记，给我反馈，反馈的东西跟专业没什么关系，大概是一个情绪上的支持，我觉得学校的督导更多的起到的是一个情感上的支持作用，对专业方面没有太大的作用。（S1）

第三，强制。实习学生和学校督导之间的强制形式的互动发生较少。强制主要发生在选择实习地点或实务领域时。有时学生不想选某家医院实习，但是在学校的要求下学生也只能去实习。或者，有的学生并不想从事医务社会工作领域的实务，但是学校督导老师根据多年学生实习的经验来看，认为医务社会工作领域的专业实习更有利于学生的成长，所以老师会将学生安排去实习。当学生进入医院开始专业实习后，学生对医务社会工作可能会有所改观甚至喜欢上医务社会工作领域，同时也能提升学生的社会工作专业素养。

> 一般第一学期就说安排下去，我们以前分的时候，她就说我坚决不到医院去，但是我们就要让她到医院去，反正分到那了，你就要到医院去，其实我觉得这样子的安排学生真到医院去以后，前期是挺困

难的，但是我们都是有已经在那的学长或者学姐带着，后来还在医院
适应得很好，发现医院也没有什么，后来克服了恐惧，这对学生也是
一个成长、一个突破，后来还真的做社工了。（T1）

（2）学生与同辈团体

同辈团体是相对于学生来说的。他们彼此都是社会工作专业实习学生，
在实习过程中他们之间的互动相对较多。

第一，交换。学生之间交换形式的互动，不仅涉及医务社会工作实习
相关的信息，还包括生活和情感方面的信息。这种形式的互动比较频繁，
存在于实习过程中也存在于其他时段。实习过程中，在同一家医院实习的
学生可能会经常交换一些实习过程中的经历。在不同医院实习的同学之间
也会经常交流在不同医院实习的情况，交换彼此的心得体会。

> 有时候在上班或者下班的路上会遇到同学，也会经常聊我们彼此
> 在医院实习的情况，一起诉诉自己在医院的苦。（S1）

在学校督导老师组织的小组督导会上，学生一般都会在小组督导会上
分享各自在不同医院实习的情况。此时就是实习学生与同辈团体之间的信
息交换的过程，在这个过程中学生会分别报告在医院所做的工作，而在其
他医院实习的同学则可以借鉴这位同学的做法，这种信息交换有利于实习
中的进步。然而，学生之间的信息交换有时也会带来负面影响，比如，学
生互相交流实习单位的情况，有的单位能提供较好的物质条件，更吸引同
学，从而可能造成医务社会工作实习生的流失。

第二，合作。学生之间的合作更多发生在同一家医院实习的同学之间。
因为在实习过程中，医院督导老师经常会安排多个学生一起合作完成实习
任务，尤其是同一个学校的学生之间的合作会更多。这种合作关系的存在
有利于学生在实习过程中开展实务工作，尤其是实习学生在医院开展小组
工作。

> 两个人的力量要比一个人大，合作的话两个人的想法会创造出更
> 多的想法，做事合作得好也会处理得更快更好一点，不会像你一个人
> 会很艰难。（S2 - 1）

第三，冲突。冲突隐藏在合作之中。每个人的思想观点都会存在差异，合作过程中会有不同的观点，如果实习生不能很好地处理，就会导致冲突；相反，则会增进两者之间的关系，有利于医务社会工作实习的进行。比如，当实习生一起合作完成一份计划书，如果每个人都坚持自己的观点，不肯退让和妥协，最终会导致大家不欢而散。如果每一位实习生能够理智地从写好一份计划书的角度考虑，一起合作商量，最后则会呈现比单独完成更高质量和更专业的服务计划书。正是有冲突形式的互动存在，才能提升合作的质量。不同学生的性格、为人处事的方法不一样，有时也会导致冲突的发生。

> 每次行动都是两个人一起的，就会不好意思一个人去另外一个人留在办公室，感觉行动上有了牵绊，有时候去某个地方一个人想去一个人不想去，就会迁就彼此，有时候自己内心的想法就被掩埋，也把很多事情给耽搁了。两个人在完成任务的时候会有推卸，还不如一个人，一个人完成会省去中间很多不必要的麻烦。（S4）

第四，竞争。在学习中，同学之间的竞争无处不在，实习也是学习的一种，所以在此过程中必然存在竞争。竞争形式的互动激励着学生更加努力。在医务社会工作实习过程中，竞争从一开始就存在于学生之间。在实习地点的选择上，学生之间会有竞争，每个医院安排的学生数量是有限额的，如果超过限额数量的学生想去某个医院，这时竞争就会出现。在同一医院实习的同学间，因为医院有限的资源，也会通过各自的工作表现体现竞争关系。

> 我感觉两个人一起在一个实习单位的话，肯定是有一个人做得好一点，另一个肯定相对弱一点，就会有一种竞争的感觉，有压力。（S4）

（3）学生、同辈团体与学校督导

个人系统与学校系统所有元素间的互动主要出现在医务社工作实习的小组督导会上。一般情况下，一名学校督导老师需要督导多名学生，学校督导老师常以小组督导会的模式对学生们进行督导。在小组督导会上，每

个学生会说出自己在医院实习的情况及遇到的困惑，学校督导老师和其他
实习学生会提出建议，供同学进行参考。学生、同辈团体和学校督导三者
间的互动形式主要是合作，在小组督导上，三者常常共同为学生实习过程
中遇到的问题出谋划策，主要是为了学生能够更好地解决实习过程中遇到
的难题。

> 在暑假之前保持每周开一次督导会的频率，我会在督导会上说出
> 我的一些困惑，然后在督导会上学校督导和其他的同学都会给出一些
> 建议。（S3）

2. 个人系统与医院系统

医院系统是医务社会工作中必不可少的一个系统，涉及医院督导和医
护人员。实习学生与医院督导、医护人员之间分别存在互动，同时也有三
者之间的互动。

（1）学生与医院督导

医务社会工作实习一般采用"双督导"模式，即在学校有一名学校督
导，在医院有一名医院督导。实习学生与医院督导之间的互动形式主要有
交换、合作、冲突和强制。

第一，交换。当前，在一些上海的医院中，专职医务社工很少有时间
开展社工专业服务，他们的工作时间更多的是被行政性的工作内容占据。
有的医院督导会将实习学生安排到病房开展服务。学生在病房的时间可能
比医院督导多，能够更多地了解病人的信息和需要。学生经常会把在病房
获取的信息转告医院督导。当实习学生在实习过程中遇到自身无法解决的
问题时，他们则会向医院督导寻求帮助，医院督导也会尽可能为实习学生
提供支持。

> 她是护士长，不是专业社工出身，在专业上她让我自己根据自己
> 的想法或者用我们社工服务病人的服务方式去给病人服务。在病人方
> 面我们之间的沟通是每天都有，因为她每天都在医院，对病人的情况
> 是非常了解的，多数是对接一些特殊病人或者有特殊需求的，像我每
> 一周去实习的时候，她会和我说这床的病人可能情绪不太好，让我多
> 去关注一些，或者那个床的病人马上就要过生日了，我们帮助策划一

个生日会，然后或者就是那个病床的病人有什么话要对谁说的，看我能不能帮他写成一封信交给那个人，或者有的病人对于往事的一个记忆比较深刻，能不能帮他做一个生命回顾手册。（S5）

第二，合作。在医务社会工作实习中，实习学生在医院经常需要配合医院督导去完成一些实务工作，或者由实习生来完成主要的实务工作，而督导会给予一定的帮助。这些都是督导和学生共同合作完成的工作。在完成实务工作的同时，医院督导还会给学生安排其他行政性的工作，配合医院督导更好地完成医院工作。

我非常期待的一点就是我们实习生给到我的一些灵感，很多专业方面的东西我可以给到大家一个支持，但是我觉得大家比我年轻非常多，比如说很多点子，我其实很多的点子是从我们实习生这边获得的；我给大家一个方向来给健康的人去体验病人的社交困境、饮食困境、言语困境，让我们的实习生在去想，针对这个困境我们可以设计一些什么样的场景，具体框架、方向是我来定的，但是我希望具体的一个落实和细节方面是我们实习生来负责，我可能期待的是一个分工。（H1）

第三，冲突。学生进入医院实习的工作内容主要根据医院医务社会工作的主要方向和工作内容来安排。各个医院的情况不一样，不同的医院督导对学生的期待也不一样。而学校则是根据对学生培养的标准制定实习任务。学生在不同的医院实习时并不一定能够完成学校安排的实习任务。学生在实习前，一般都会对实习有一个设想，但是进入医院实习时，所做的工作有很大可能与自己的设想不同。期待的不匹配可能会导致实习学生和督导之间产生冲突形式的互动。

第一阶段主要偏行政性的，就是哪里需要我，我就去哪里，就是干一些杂的比较琐碎的小事。第二阶段专业性的工作稍微多一点了，但是行政性的工作还是很多，感觉在这个医院里面社工还是不可避免地做一些行政的工作。第三阶段有参与到小组工作，不是主导。（S4）

部分医院督导并非社会工作专业出身，他们虽然为学生提供很多关于病人的信息，但是对于学生专业方面的帮助很少甚至没有。实习生毕竟还是学生，而社会工作又是一份注重经验的工作，学生在实习过程中经常会遇到专业方面的困难，却得不到医院督导的帮助。还有部分医院督导是从高校毕业不久的社会工作专业学生，他们在专业方面也常常需要经验丰富的督导的帮助。当由资历尚浅的专业毕业生作为医院督导的时候，他们的建议和方案有时并不能很好地解决问题，督导过程也缺乏专业性。

> 两个月督导一次的社工部主任都只是给我们讲一些大方向，就跟我们说不要老是低头做事情要抬头看一些大行业的发展。就给我讲一些大道理的话，并没有给我医务社工实习的一个实质性的帮助，或者技巧上的提升。（S2 - 1）

关于医务社会工作实习"工资"，学生和医院督导有不同的看法。学生认为每天都很辛苦地上下班应该有一定的回报，但是目前在医院实习的社会工作专业学生一般都没有工资。医院督导则认为实习生到医院中是来学习的，医院督导是无偿带教实习生的，如果按照医学生实习标准，实习生要支付一定的学费。

> 我原本实习的这家医院是没有工资的，但是后来实习的单位是给发工资的，而且还不低，这是我换实习地点的一个原因。虽然后来的实习单位给我发工资但我还是在原来的医院和其他类似的医院中实习，我只不过是被派遣过去的，做的内容也是大差不差的。（S5）

第四，强制。医院督导对于实习学生来说是老师，所以一般情况下，在医院实习过程中对于医院督导的要求，实习生都会尽量去完成。但是，有时医院督导安排的实习任务是学生不愿意去做的事情，又迫于是医院督导布置的任务，实习生只能去做，这时会产生两种情况：一是物极必反，会使学生对医务社会工作产生反感的情绪；二是学生感受到医务社工的魅力，刚开始可能是学生对这个工作不了解，自己主观不想做，但是迫于督导的压力只能硬着头皮上，在完成事情后能够从中感受到医务社会工作的魅力。

　　我是不太喜欢医院督导的这种方式，就是感觉时时刻刻都抓着你的思想，想形塑你，因为有时候工作的感悟还有行业的感悟需要发自内心的、自发地形成，你差不多形成一些具体化的东西以后你和人说，你自己会更容易接受，你自己老是被外界强迫性地戳一下，又问你得到了什么，又叫你反思一下，不停反反复复"蹂躏"你的话，你还是会有一定的排斥的，如果你真的不想多想什么，就想干好我现在的事情，会让你觉得这个事情很麻烦。（S3）

（2）学生与医护人员

　　在医院，医护人员和实习学生都是给病人提供服务的，在服务过程中，两者间必然存在互动，但是学生与医护人员之间的互动相对较少，根据互动的类型划分主要有合作和冲突。

　　第一，合作。病人在医院看病，主要是身体出现问题，同时在医院看病过程中，病人的心理可能也会出现问题，这就需要专业人员为病人提供心理方面的服务，以使病人获得身心健康。医务社会工作者经常在医院给病人提供专业的社工服务，同时也会邀请医护人员参加医务社会工作开展的服务，这时就会出现医务社会工作实习生和医护人员的合作。有的医院的医护人员对社工了解比较多，知道社工主要是做什么的。这类医护人员能够在需要时将案主及时转介给社工。

　　有的时候向他们医务社工实习生不在的时候，有病人进来我们会和他们有一个信息的对接；他们每个星期一过来，整理好每个病人的信息，包括新老病人，病人的家庭情况、情绪情况、个人情况、身体情况，能够更好地进行信息的交接。（D5）

　　第二，冲突。医护人员对医务社工的工作内容和方法了解甚少。医护人员认为医务社工组织的小组就是一群人坐在一起聊天。这是医护人员单纯地从表面认识医务社工的工作，并没有认识到医务社工工作的科学性和专业性。在小组工作中医务社工也会邀请到医护人员参加，但是由于他们不懂小组规则，经常在小组过程中做一些不符合规则的事情，这会在很大程度上影响小组成员的参与效果。

在开活动时和医护人员有接触，医护人员普遍的特点就是特别爱拍照，他们在大多数时候比我们更了解服务对象的，所以他们出席在你的活动当中，会起到指导的作用，但是他们不是学社工的，他们不了解我们的小组也不了解社区活动，所以他们比较强权，他们在活动当中、在日常的医疗过程中都会给我们有不利的影响。（S1）

（3）学生、医院督导和医护人员

学生、医院督导和医护人员三者之间的互动是较少的，主要的互动形式是交换。当实习学生刚进入医院开始实习时，医院督导一般会带着实习学生进入科室，这时医院督导老师会将实习学生介绍给医护人员，也会将科室的医护人员介绍给实习学生。

初次进病房包括病房换了病人，医院督导都会让一个护士带我去病房，和病人介绍我是谁，让病人更好地接纳我。（S5）

3. 学校系统和医院系统

在医务社会工作实习过程中，学校系统和医院系统之间的互动是两个系统间互动最少的，也是互动时间间距最长的。二者之间的互动形式主要有合作和冲突。

（1）合作

在医务社会工作实习中，各系统之间的互动最早是学校系统和医院系统之间的互动。当医院开始发展医务社会工作，而医院中又没有专业的医务社会工作者时，医院会向高校寻求帮助，希望高校能给他们专业的支持。随着社会对医务社会工作人才的需求提升，高校也会培养相关方面的人才，而在医务社会工作人才的培养方面，最关键的一个环节是实习。学校也会向医院提出请求，将学生安排到医院进行医务社会工作实习，这就是医院和学校一起合作培养医务社会工作人才。

实习过程中是两系统间互动最多的一个阶段，尤其是学校督导老师和医院督导老师之间的合作。他们两者需要通力合作督导实习学生。实习生因为在医院实习，有时学校督导会向医院督导询问实习学生的实习情况，这种询问的方式有很多种，包括面对面、电话、网络等方式。

> 我是分别在三个医院有督导的工作，其中有一家医院我自己本身在那有实务的项目，会跟他们的社工、社工部的主任会更加紧密一些，就不仅仅是关于学生的实习了，还包括我在那边的项目的开展，然后在这个过程中，因为实习的学生也是我这个项目的助手，也会肯定免不了讨论到他们的实习。（T2）

> 一个学期至少有一次面对面的交流，这是必须要的，我们这一批学生里面至少和学校有一次面对面的交流，至少一到两次，交流一下我们实习当中，我们实习生有什么样一些问题、困惑有什么需要我们双方督导来共同处理解决的，实习建议的、实习总结的，不管在一个什么样的时间段，会有一个一到两次的安排。（H1）

学校系统和医院系统之间的互动不会因为某学生实习的结束而结束。学校系统和医院系统之间是长期的合作关系，所以在学校督导老师和医院社工相关的人员之间的互动是一种长期的不间断的互动。

（2）冲突

学校系统和医院系统之间以合作形式的互动为主，但是也存在冲突形式的互动。因为学校和医院所处的立场不一样，所以他们对实习学生的安排和期待不同，在此过程中会有冲突形式的互动出现。学校安排学生进入医院实习，希望学生能接触到更多的实务工作，了解本土医院中医务社会工作，在实习过程中观察医院中存在的问题并形成问题意识。医院对医务社会工作实习生的期待是实习生能够为医院做什么，哪个地方需要人员就会把社工实习生派到哪支援。学校老师认为学生需要到病房和服务对象接触，但是在实际过程中学生很多时间是在办公室里面协助医院中工作人员完成行政工作。这是当下医务社工实习发展不完善的一种冲突形式的体现。

> 很多还是行政性的工作，打印表格、装订资料、负责签到这些，还帮忙负责转过几个评估性的录音。（S4）

> 第一，大家过来实习的最终目的是完成毕业论文，想在完成毕业论文的前提基础上，将他自己的实习研究、调查、访谈、做服务和医院的服务相结合；第二，就是我们医院的一个常规的活动，我们医院志愿者、大型的常规活动，需要实习生们协助；第三，就是医院给我

们部门有一些行政性的工作，比如要举办一个大型的活动需要我们协助，这边的实习生可能会去协助一下。（H2）

4. 个人系统、学校系统和医院系统

医务社会工作实习过程中不仅有两个系统之间的互动，同时也存在三个系统之间的互动。这种形式的互动主要通过以下三种方式呈现。

第一，交换形式互动为主的面对面信息交流。三者之间的面对面的交谈通常为了解彼此信息，以便于各相关群体更好地参与接下来的医务社会工作实习。在学生进入医院实习之初，学校督导一般会去学生所在的医院和学生、该学生的医院督导进行面对面的交谈。有的医院督导也会将这种形式的交谈当作一次集体督导，因为往往在一家医院实习的学生有很多个，此时有的医院督导会将所有在医院实习的学生召集在一起，进行一个类似督导的形式交谈；有的医院督导会邀请自己的领导和学校督导、学生之间进行面对面的交谈；还有的则是医院督导、学校督导和学生三者之间进行面对面的交流。

> 至少每轮实习我把我督导的学生要带过去，刚开始我自己带过去，然后链接、委托，这个过程是有的，一般医院督导也在学生也在，形成一个交代，确认实习的主要事项、安全等。（S4）

第二，合作形式互动为主的现场督导。学校和医院督导对实习学生进行现场督导，提升学生的实务能力。在医院实习过程中，实习学生有时会开展相关的实务活动，学校督导老师会到现场进行督导。另外，有的督导老师会邀请自己督导的其他学生参加这位同学在医院开展的实务活动。当实习学生在医院开展实务活动时，该同学的医院督导一般也会在现场督导，这时就会出现三个系统之间的互动。

> 现场的督导，就是我们同学们比如做小组、社区活动的，我会下去看、指导，现场做些指导，有些时候我会邀请我们同组的同学，我们有机构实习的、医院实习的，机构实习的还是蛮愿意去看同学在医院开小组的，然后我说我去，大家有空的都可以来，大家有空的话都会来的。我觉得这个形式还是比较好，但是也会受限于很多东西，医

院实习的同学在做小组的时候我会去，医院督导也会去，结束的时候我们坐在一起分享，再聊一聊。(T3)

第三，交换与合作形式互动共存的实习汇报会。有的医院会为实习学生举办期中或者期末汇报会。医院督导会邀请学校督导来参加汇报会，汇报的同学主要是在该医院进行医务社会工作实习的学生。这些学生可能会来自不同的高校。学生实习汇报是一种信息交换的过程，学生间可以了解彼此如何开展实习，学校督导可以了解到不同学校学生实习情况。实习汇报会其实是学校和医院督导对学生实习的指导和总结，需要三者共同合作才能达到最佳效果。

有的医院他们对实习生有一整套的流程，比如实习生进站一个报告，中期要做一个期中的报告，出站的时候也要做一个报告。那这个就很多，一个实习生在那就要多次地到那去，哪怕就为了去听这个报告就要去好几次，那么这个时候就不仅是我们的同学，还有其他学校的同学，我觉得这也是一个很好的机会也看看其他学校的同学做一些什么工作，哪些地方值得我们学习。在这个医院实习的不同学校的实习生都要上去做报告，这对于我来说是一个非常好的机会，看看我们的同学相对于其他学校的同学有什么样的优势，我们不足的地方是什么。(T1)

（二）对策与建议

本研究总结了医务社会工作实习的经验并结合实习中出现的问题，为参与到医务社会工作实习的相关群体提出一些可借鉴的对策和建议，从而使各群体能够在医务社会工作实习过程中获得最大的收益。

1. 实习学生

医务社会工作实习是以实习学生为中心而运作的。系统中的同辈群体也具有同样的身份。实习学生要提升医务社会工作实习质量，不仅需要提升自身的能力、端正专业态度，而且还要学会如何与医务社会工作实习过程中的相关群体合作。

首先，作为一名学生要端正专业态度。在实习前，提前了解实习相关要求，做好实习前准备工作。比如，提前学习相关的医学知识，做好吃苦耐劳的思想准备，一般医院上班时间很早，在实习期间需要能够适应医院上班节奏。其次，学生刚进入医院实习时切莫心急，需要花一定的时间熟悉医院环境和了解病人的需求再确定为病人和家属提供何种专业社工服务。进入医院实习时，学生需要认真完成学校和医院督导所安排的实习任务。在完成实习任务的过程中，不可避免地会遇到各种各样的问题。当学生遇到问题时，需要主动向学校和医院督导求助，尽量提前思考解决方案。在得到督导的帮助后，学生需要根据自己的判断去选择更加适合的方案去解决所遇到的问题。最后，学生要养成总结和反思的习惯，在每天实习结束后，要善于总结自己当天的实习工作，从中总结好自己当天的实习经验并且反思自己在实习过程中的不足。

> 我觉得我个人经验来讲就是要做好充分的思想准备去吃苦，你真的在一线的话去面对各种各样的病人、各种各样的疾病，真的有的时候会焦头烂额的，首先是你完全不熟悉的领域，医学知识不懂，何况是这样的一个群体，在这样的环境下你本身不是一个主体性的东西，真的要做好充分的思想准备。（S3）

2. 督导老师

学校督导参与学生实习过程有利于其自身工作的开展。根据访谈在医院实习的学生可知，学生在医务社会工作实习过程中会遇到情感和专业方面的问题。学校督导对学生情感方面问题的督导有较好的效果。但是，针对专业方面的问题，老师建议的方案有时可操作性不强，并不能让学生有效地解决实习过程中遇到的问题。学校督导需要加强对实际医院服务案例的了解，一方面，以便于更好地督导学生实习，另一方面，有利于学校督导老师开展学术研究。

在上海医疗卫生体制范围内的医务社会工作者，有部分是高校社会工作专业硕士毕业的学生，还有部分是由医院其他岗位转岗到医务社工职位的人员。对于后者来说，他们在专业方面，尤其在理论和研究方面还存在欠缺，他们在医院开展医务社会工作时也会遇到问题。专职医务社会工作者们同样应该有专门的督导老师提供专业指导。虽然目前医院还没有这样的条件，但专职医务社会工作者可以借助医务社会工作实习平台中的学校督导老师的作用对医院的相关工作进行督导。

> 因为我们是护士出身的，对于社会工作的一些理论了解得还是不太多的，我们实习生过来尤其是研究生在这方面应该能给我们很多的帮助。（H5）

学校督导和医院督导在督导学生方面各有优势，学校督导在理论方面和督导学生经验方面更有优势，医院督导则对学生所处的实习情境更加清楚。如果将两者督导有效地结合，那么就会更加有利于医务社会工作实习。首先，在实习前，学校和医院督导最好有面对面的沟通和交流，对于学生实习的相关要求，彼此都应该知晓，根据双方的要求为学生定制一份实习计划表。其次，在实习中，学校和医院督导需要有不定期的交流，交流学生近期的实习情况，两位督导需要共同合作，为学生在实习过程中所遇到的问题提出解决方案。督导的形式有面对面督导和书面督导。面对面督导主要有小组督导和一对一督导，书面督导主要是实习日志的形式。最后，在实习结束前，医院和学校可以联合举办学生实习汇报会，在学生汇报自己实习的情况、成长和收获等实习情况之后，分别由学校督导和医院督导对学生进行点评。

虽然上海的医务社会工作在中国发展得相对较好，但是上海的医务社会工作者在研究方面做得还不够。上海很多医疗卫生机构做过很多医务社会工作实务，同时，他们也有很多可供研究的数据，但是只有相对较少的学术论文。上海医务社会工作的很多实践可供国内其他城市借鉴，尤其对于那些医务社会工作还未起步的内陆城市来说，他们对于医务社会工作如何在医院中开展服务、怎样嵌入医院的大环境中还存在很多的困惑。更多基于医务社会工作实务经验而形成的学术成果可以为国内不同城市发展本土化的医务社会工作提供参考依据。医院督导可借由实习平台与学校老师进行合作，充分利用实务和理论结合的优势，提供更多相关的学术成果。

（3）医护人员

医护人员在医务社会工作实习过程中既是服务者也是被服务者。医护人员对于医务社会工作的认识和了解程度还不够。又因为医院工作比较繁忙，他们很少有时间参与到医务社工的事务中。医护人员觉得医务社会工作的存在与否对于他们的工作几乎没有影响。但是，当一些医护人员对社会工作有进一步的了解，或者看到医务社会工作对他们的自身工作产生实际的帮助时，他们一般很愿意参与到医务社会工作中来。

医护人员与医务社会工作者之间需要建立起合作机制。首先，医护人员需要了解医务社会工作的工作内容和功能。在平时查房时，医务社会工作实习生也可以在医生的带领下参与查房，进一步了解患者的情况和学习相关的医学知识。其次，他们需要了解如何将身边心理、家庭和社会功能出现障碍的病例转介给医务社会工作者。医院需要建立医护人员向医务社会工作者转介的机制。最后，在社会工作介入的过程中，医务社工和医护人员需要合作，取长补短，一起帮助患者。在实习过程中，医务社工在为患者和家属提供小组服务时，根据需要会邀请医护人员参加。医护人员应被鼓励积极主动地参加并提前了解社工小组的相关规则。部分医务社会工作实习也会为医护人员提供服务，比如医护人员减压小组。如果在医院中医护人员有机会参加相关的小组，应该积极参加，这样不仅有利于医护人员自身的健康，也有利于增进他们对医务社会工作的了解。

对医护人员的那个减压小组，我感觉还是蛮有用的，平时像我们医护人员或多或少都在工作中是有压力的，有的时候那我们可能也知道一些处理方法，我感觉我调整得不错，但是参加过这次活动就能感觉到我之前自己调节的一些问题。（DH）

五　结语

医务社会工作实习系统涉及多个群体。各个群体能够高效整合和利用自身资源是促进医务社会工作实习开展最有效的方法。医务社会工作实习主要是为了让学生能够更好地提升自身的专业能力。以往对于医务社会工作实习的研究只顾及实习学生和督导，而很少去考虑其他相关群体。仅仅考虑某一方的行为可能无法进一步优化医务社会工作实习的开展机制。医务社会工作实习中的各个系统和元素是部分，医务社会工作实习是整体。要提升整体的效果，就必须从各个部分出发，从而达到一加一大于二的效果。提升医务社会工作实习效果需要相关的所有群体齐心合力，从自身出发，为每个人在医务社会工作实习过程中谋福利，调动各群体参与医务社会工作的积极性，使得他们更愿意且更好地参与本土化的医务社会工作实习。

参考文献

陈静、叶丽凤，2002，《系统理论下的高等院校学校社会工作架构》，《上海大学学报（社会科学版）》第6期。

陈璐、齐建、何志晶、王洪齐，2009，《医院应成为医务社会工作实习的主阵地》，《医院管理论坛》第9期。

戴维·波普诺（美），1999，《社会学》，中国人民大学出版社。

杜婷、贾婷婷，2017，《医务社会工作实践教学的成效及建议》，《基础医学教育》第7期。

高宣扬，2005，《当代社会理论》（下），中国人民大学出版社。

高宣扬，2016，《鲁曼社会系统理论与现代性》，中国人民大学出版社。

季钦，2010，《系统视角下社会工作实习督导模式的探讨》，《社会工作下半月》第2期。

姜华，2012，《开展医务社工教育的重要性》，《社会福利》第2期。

姜华，2013，《医务社会工作专业现状及教学实践模块——以北京社会管理职业学院社工系为例》，《社会福利》第3期。

刘慧、杨晓云、尉真，2014，《试论社会工作专业学生的介入式实习——以S医院医务社工实习为例》，《山东工会论坛》第5期。

齐建，2011，《对医务社会工作实习教学的几点思考》，《基础医学教育》第4期。

谭卫华，2007，《高等医科院校社会工作实习途径分析》，《包头医学院学报》第4期。

万江红、逯晓瑞，2008，《从参与角色看中国社会工作实习教育的现状》，《社会工作下半月》第9期。

肖萍，2006，《社会工作实习教育模式的本土性探讨——资源概念的引入》，《南京社会科学》第3期。

闫磊，2013，《中国社会工作发展的路径——生态系统理论下的维度分析》，《重庆工商大学学报》第1期。

曾雅丽、周志荣，2011，《大学新生适应性教育与社会工作的介入——基于生态系统理论的视角分析》，《高教探索》第6期。

张曙，2012，《我国社会工作实习教育整体性合作模式探讨》，《南京理工大学学报》第1期。

郑玥，2015，《有限理性视角下的医务社会工作实习——浅析高校社会工作专业的实习督导与教学策略》,《亚太教育》第 34 期。

朱东武,2001,《社会工作系统理论及其运用》,《华东理工大学学报》第 1 期。

卓彩琴,2013,《生态系统理论在社会工作领域的发展脉络及展望》,《江海学刊》第
　3 期。

都市社会工作研究　第 6 辑

第 175~199 页

© SSAP, 2019

社会工作机构服务营销及推广研究

姚云星[*]

摘　要　21 世纪以来，我国经济迅速发展，社会进入转型期，社会问题和民生要求日益层次化和复杂化，对社会福利、社会精神文明建设也提出了新的要求，建立和完善系统的社会工作服务模式势在必行。政府向社工机构公开购买服务，其形式主要包括项目竞标投标、机构承接政府部门的项目委托和参加公益创投活动。目前，我国社会工作服务机构稳步发展，但也存在一定问题，从宏观层面上看，问题集中在服务资源缺乏、服务能力有限、机构自主性弱、法制不健全等；从微观层面上看，问题集中在社会工作服务资金短缺、志愿服务不足等。

本文在 4Ps 理论的视角下借助分析两个非营利性社会工作服务机构服务项目的运作过程，并做对比，总结过程中遇到的共性问题——缺乏资金和志愿者。确定社会工作服务面向社会营销和推广的必要性和必然性，唤起社会大众包括经济企业等的社会责任感和社会同情心，以取得他们对帮助弱势群体和困难群众、开展社会服务工作在资金和人力方面的支持。根据营销学理论相关策略，提出整合提高我国社会工作机构整体营销能力的建议和方法，以期进一步提高机构的经营管理能力、宣传和推广的能力。

---

* 姚云星，中集集团工作人员，主要研究方向为社会工作机构管理等。

关键词 社会工作服务机构 服务项目 营销 推广

一 研究的背景与意义

(一) 研究背景

中国从古至今、从政府到民间有过许多扶贫扶弱的机构和制度,例如,殷周时期的保息六政制度,战国时期管仲"相齐以九惠之教"的政绩,汉始各朝代的"社仓乡约"制等,其中我国自20世纪20年代从国外引进社会工作专业,开展社会服务(王思斌,2012)。为满足民众日新月异的需求,政府积极扶持、培养社会机构,鼓励各类组织积极创建公益事业和民生项目,并通过项目招投标和公益创投的形式,有选择性地购买民营或公立社会组织申请的公益服务项目。政府购买服务为项目制的建构奠定了坚实的政治和制度基础,但社会工作机构的服务运作推进仍然存在现实困难,社会工作服务机构必须加大宣传和推广力度,唤起公众的社会责任感和社会同情心,利用众筹精神和志愿精神,进一步推动社会工作服务的发展。

随着我国社会服务项目制的发展,受益人对服务质量的要求,推动着社会工作服务机构对资金和志愿者的需求不断扩大,社会工作机构也开始重视营销和推广。但是,目前,社工机构把重点放在项目质量和数量的提升上,机构营销和推广的理论及实证借鉴非常少。从市场营销理论的视角来看社工机构面临的问题,具体如下:其一,机构面临资金缺乏、公信力不足、服务效率低下等问题,市场营销理论中的某些手段和策略能否协助解决这些难题;其二,是否需要专业的营销人员和营销团队来推进项目的服务进程和整合提高社会工作机构的整体营销推广能力;其三,社会服务机构能否利用市场营销理论中的某些理念重新定义社工机构及其服务;其四,政府对组织机构的改革使得一些本处于社会资源弱势的社会工作服务机构跻身于公共和公益服务领域创造了史前良好的政治和市场环境,社会工作机构如何利用市场营销的手段和策略使自己立于市场的不败之地;等等。本文试图基于此,进行分析研究。

(二) 研究意义

为了社会工作服务机构更好地生存和发展,营销和推广环节必不可少。公众对这个问题缺乏深层次思考,因为社会工作服务机构始终面临着经营成本上升、政府资助形式变化、服务复杂性等多重困境。因此，社会工作服务机构借鉴市场营销学有其理论意义。我国社会工作服务机构的发展，离不开社会大众的支持。公众的支持有一个了解—认识—认可—接受—反馈—支持的过程。营销的目的是通过宣传、推广使社会工作服务资金来源多样化，社工机构能够吸引更多志愿者，提高机构服务质量和经营管理水平。本文研究的现实意义就是：使民众能够接受并认可社会工作及其服务，一方面，使社会工作服务运作过程有资金和志愿者的充分支持，提高服务质量；另一方面，完善的社会工作服务为服务推广提供了一个扎实的营销基础，进一步促进社会工作服务的发展。

（三）概念界定

1. 社会工作服务机构

社会工作服务机构是指凭借专业的理论和科学的技巧与方法，依据社会工作专业伦理价值观，以为相关服务人群特别是弱势群体提供一般或者特殊的关怀、照料及物质或者精神服务为宗旨，进而维持甚至提高自身社会功能的一种组织（闻英，2009）。民政部把社会工作服务机构定义为以社会工作者为主体，坚持"助人自助"宗旨，遵循社会工作专业伦理规范，综合运用社会工作专业知识、方法和技能，开展困难救助、矛盾调处、关系调适、行为矫治、心理疏导、权益维护等服务工作的民办非企业单位（张洁，2012）。

2. 项目制运作

崔雪宁（2012）认为，社工机构项目制运作是一种组织管理方式，即把专业社会工作服务以项目运作的形式进行设计，通过建立项目的策划、实施、评估等制度体系，使社会工作机构在项目中进行组织管理和制度建设并实现内外各项资源的最大优化配置，按时保质地达成目标，进而促使机构自身的可持续发展。

3. 营销

"营销"一词来源于商界，其英文名称为"marketing"。营销学大师菲利普·科特勒（Philip Kotler）认为，营销是"分析、规划、执行与控制一套精心制作的计划，借以达成企业所预设的目标；为了达到企业的这个目标，组织本身也必须根据目标市场的需求以及期望来提供产品，同时组织也要运用有效的定价、沟通以及分配技巧，来告知、刺激以及服务目标市场"。

4. 4Ps 营销理论

该理论是 1964 年由美国的市场营销专家杰罗姆·麦卡（E. Jerome Mc-Carthy）首先概括得出的，其认为，产品（Product）、价格（Price）、渠道（Place）、促销（Promotion）这四个因素是市场中营销环境的可控变量，加上策略（strategy），策略是指根据整体形势发展而制定的行动方针和斗争方式。在经济学中，结合企业的自身特点和优劣势，恰当地运用好这四个变量，组成相应的营销组合策略，可以更有效地实现组织愿景，即产品策略、价格策略、渠道策略和促销策略。

二 文献综述

通过文献检索发现，非营利性组织的营销推广和社会工作机构的项目制发展的理论研究比较丰富，服务项目具体运作的研究文献却非常少，营销理论策略镶嵌于项目的运作过程的研究更是微乎其微。下面根据社会服务市场化运作的特点，把文献梳理分为研究理论和实践发展的文献资料两方面，分别对非营利性组织营销和社会工作服务项目制发展做分析。

（一） 国内外非营利性组织营销的发展研究概况

1. 国外相关理论研究发展状况分析

非营利性组织的发展离不开理论的指导。1969 年，美国著名学者菲利普·科特勒（Philip Kotler）和利维（Levy）在《营销观念扩大化》一文中提出产品的概念含义不应该只是有形产品，无形的服务也应该包含其中；市场营销的原理和技巧可以被非营利性组织和其他公共部门应用等观点。20世纪 70 年代，形成了以非营利性组织与公共部门营销和社会学营销为焦点的研究热潮。董文琪（2006）指出，自 80 年代起，由于西方国家社会福利政策大规模结构转型，大量非营利性组织研究中心纷纷成立，非营利性组织营销研究呈现了大量研究成果。

为了促进营销理念在非营利性组织中全面推行，菲利普·科特勒和艾伦·R. 安德里亚森（Alan R. Andreasen）、洛夫洛克（Lovelock）与温伯格（Weinberg）、戴维·雷多斯（David Rados）、拉里·L. 考夫曼（Larry L. Kauffman）等分别以非营利性组织和公共部门营销为主题撰写了一系列综合性的教科书，对非营利组织营销和推广的理论体系与研究范畴进行了系

统的归纳和整理。在非学术领域，一些非营销性组织营销思想的践行者对
非营利性组织营销总结了实际运用经验（张风帆，2004）。

进入21世纪，非营利性组织营销具有代表性的是詹姆斯·P. 盖拉特
（Gelatt）（2003）的《21世纪非营利组织管理》，他在书中重点分析了21
世纪非营利性组织发展的十个影响因素，包括组织使命、战略规划、营销、
公共关系、筹款、财务、志愿者（人力资源）、沟通、董事会、竞争力。安
德里亚森认为营利性领域是非营利性组织最有前景的资金和志愿者来源，
在建立合作关系与监督合作过程方面，非营利性组织应该积极扮演一个主
动的角色，"非营利组织必须主动与公司合作，发展以公益事业为目的的营
销联盟，而不能坐享其成，希望成为由公司独立发起的此类营销活动的受
益者……"（王方华、周洁如，2005）。华莱士（Wallace）和明茨（Mintz）
则提出，当出现下列四种情况时，非营利性组织应该果断放弃与营利性组
织的合作：（1）产品/服务与非营利性组织的要求相冲突；（2）产品/服务
对健康和环境有害；（3）企业正在接受健康、环境或其他方面的调查；
（4）企业生产的产品/服务，尤其是卫生健康领域的产品/服务，被检测出
质量不好。

非营利性组织营销理论不断丰富的过程中也逐渐出现了一些警告的声
音，菲利普·科特勒与其得意弟子艾伦·R. 安德里亚森在共同力作《战略
营销：非营利组织的视角》中阐述，尽管非营利性组织可以从事营销活动
获得资金和志愿者等方面的支持，但也会为其带来收入和声誉方面的风险，
非营利性组织有必要在其活动中尽力规避。21世纪出现了慈善骗局，人们
对非营利性组织领域的伦理守则和道德规范开始关注。随着经济组织对社
会公益和服务的投入，许多社会观察家开始质疑部分资助企业与非营利性
组织的合作起点和道德标准。但不论怎样，非营利性组织最终被社会各界
所认可。

2. 国内相关理论研究发展状况分析

相对于国外非营利性组织营销理论与实践的稳步发展而言，我国非营
利性组织的发展则具有起步晚、速度快、范围广、类型杂的特点，相关的
法律、法规、条文等理论建设资料仍然未曾完善，非营利性机构的服务性、
独立性、营利性、职业性和专业性等目前仍在努力进程中。在理论研究方
面，自20世纪90年代非营利性组织营销理论传入我国以来，国内明显出现
两条不同的研究主线，一是以国外研究成果介绍为主，例如王绍光介绍了

各国第三部门发展的多元化与统一化（王绍光，1999）；郭国庆对比了非营利性组织营销在世界各地的经验，发现非营利性组织在发展成熟的欧美国家，组织经费大多来自私人付费业务（郭国庆、汪晓凡、李屹松，2009）；田凯的文章则"系统评述了西方英文文献中自 20 世纪 80 年代中后期以来关于非营利组织治理的主要理论，主要涉及代理理论、管家理论、资源依赖理论、制度理论和利益相关者理论"的研究（田凯，2003）；等等。二是分析国内非营利性组织发展状况，以建立本土化非营利性组织营销模式为主要目的，提出我国非营利性组织营销的必然性。随着中国市场经济的发展以及营利性组织在社会服务领域中的介入，非营利性组织内部由求快而逐渐出现了各种服务不到位的现象。为了提高市场竞争力，非营利性组织开始把营销提上了日程（余娟，2002）。

在实证资料理论方面，我国非营利性组织营销的探讨也是走借鉴国外经验到国内发展的路径，分析非营利性组织营销的特点，研究组织管理及营销策略，像吴冠之的《非营利组织营销》、吴东民与董西明的《非营利组织管理》、王方华和周洁如的《非营利组织营销》，探讨集中于非营利性组织和机构营销的问题和特殊性（胡峰，2014）。市场营销理论中的 4Ps 营销策略等理论可用于分析非营利性机构在其经营管理及活动进程中应如何运用营销理论和策略，提高非营利性组织的管理水平，使之健康有序地发展（杨晶、李先国，2001）。

（二）国内外社会工作服务机构项目化运作研究概况

1965 年，国际项目管理协会（International Project Management Association，简称 IPMA）于瑞士洛桑成立，是第一个世界性的项目管理研究、合作组织，也标志着项目制管理在经济领域的成熟。20 世纪 70 年代，美国项目管理协会制定和出版的《项目管理知识体系指南》被世界各国广泛译制，进一步推进了世界性项目制的发展；八九十年代开始经济全球化，为适应激烈的市场竞争和剧烈变动的世界经济，项目管理更加注重人的因素，不断扩大项目管理领域，也最终渗透到社会服务领域。Sharad 提出社会服务项目化管理是一种重大突破，项目化也可以运用于非商业活动（Sharad，1986）。Russell-Hodge John 更指出对以无形服务为产品的组织来说，组织发展和竞争的加剧将使项目化管理成为标准化管理方法（Russell-Hodge John，1995）。21 世纪以来，项目制管理者们在传统方面进一步发展的同时，对社会工作服务引入项目化管理的理论和方法做了普遍性论证，对服务领域的项目化理论和概念做了界定（杨林，2012）。政府或非营利性组织购买服务逐渐成为社会服务机构实施服务的主体，相关方面的理论也进一步发展并指导实践。

长期以来，中国政府都是直接通过福利事业单位提供各项公益服务，但服务的成本高、效益低、手段单一的弊端日益凸显（陈为雷，2013）。自 20 世纪 90 年代以来，开始借鉴西方政府购买服务的做法，通过社会服务机构承接社会服务，我国社会服务正式进入项目制运作（彭善民，2010）。目前，国内学者在社会服务及其相关领域内对项目运作及其管理展开了深入研究，但研究资料并不丰富，大多是从实证或微观的层面入手，主要是对各类社会工作服务项目运作的案例开展实证分析，李莉在探索农村妇女社会服务项目运作与实效的过程中指出，目前我国绝大多数非营利性组织是以直接开发项目或受资助项目的方式来开展工作，其组织的项目运作与管理是组织活动的核心和呈现社会公益行为的基本方式。中国社会服务机构的项目承包机制包括三个主要形式：项目招投标、承接政府委托项目和公益创投活动。项目的运作过程包括识别需求、提出解决方案、执行项目、结束项目四个阶段（陈为雷，2013）。

综上所述，我国学者对社会服务项目化的微观层面和宏观层面都有涉及，唯独对项目化运作过程中出现的实际困难及其解决办法缺乏关注，特别是跨学科分析，目前在文献资料上几乎查不到相关信息，说明我国社会服务项目化理论仍需进一步丰富，社会服务机构探索社会服务项目化的本土化、专业化之路任重而道远。

三　研究设计

本研究希望探索出适合本土社会工作服务机构在服务项目运作时的营销及推广经验。希望借由这些经验，可以充分描述好项目制在本土社会服务机构的社会服务中的特性，对相关组织运作及发展提出可行的建议与方向；政府部门也可以以此相关指标作为制定辅导政策的参考依据。

（一）研究问题

（1）社会工作服务机构该如何整合提高其公益服务项目的整体营销

能力?

（2）如何运用各项市场营销理论来评估社会工作服务机构的服务相关指标?

（3）新形势下，社会工作服务机构如何进行网络营销?

（二）研究框架与思路

本文在对社会工作服务机构等概念厘清的前提下，运用 4Ps 营销理论（product strategy，price strategy，place strategy，promotion strategy）的框架，通过上海社会工作服务机构中的 X 机构与 Y 机构在项目的运作过程（识别需求、提出解决方案、执行项目、结束项目）中的对比，对社会工作服务机构服务项目的营销推广现状加以分析和研究。

1. 4Ps 营销理论拓展

根据社会工作服务领域项目实际情况，为了方便分析，本文尝试对 4Ps 营销理论进行如下拓展。

（1）产品策略拓展为服务项目策略

在经济学营销理论视角中，产品策略是指企业通过各种手段和方式向目标市场提供各种满足消费者需求的有形产品和无形产品来实现其销售目标。相对而言，在社会工作服务领域，产品策略即是服务或服务项目策略，社会工作服务机构运用自身的资源通过服务项目运作的方式提供各种无形的服务。

（2）价格策略拓展为项目报价策略

在经济学营销理论视角中，价格策略主要指经济企业为了销售产品或服务，按照一定的市场规律制定价格或变动价格推动商品交易和销售。相对而言，在社会工作服务领域，申请项目经费即是项目报价，为了把服务推向受益人而制定的具体服务活动花费和各项经营管理费用的组合方式就是项目报价策略。

（3）促销策略拓展为宣传策略

在传统经济学营销理论视角下，促销理论与宣传理论的区别不大，但是在现代经济学理论中，促销和宣传指向了两个不同方向：促销有促进产品快速消费的意思，宣传则仅仅是推广或者说广而告之。很明显，在社会工作服务领域，我们能借鉴的只能是宣传策略。在社会服务领域视角下，宣传策略的概念是指服务机构运用各种方式向服务对象传达机构、服务或服务项目的信息，使服务对象知晓、了解、喜爱机构的服务或服务项目，使服务对象能够接受并参与。

（4）渠道策略拓展为借助媒介的方式

在经济学营销理论视角中，渠道策略主要是指企业以合理地选择分销渠道和组织商品实体流通的方式，渠道作为辅助产品销售的过程是节约运作成本的重要环节。相对而言，社会服务领域中的渠道策略是指服务机构以合理地选择宣传渠道和载体的方式做宣传。

2. 研究分析框架和个案简介

借助上述4Ps营销理论，本文建构了自己的研究分析框架，并按照框架思路展开具体的研究过程（见图1）。

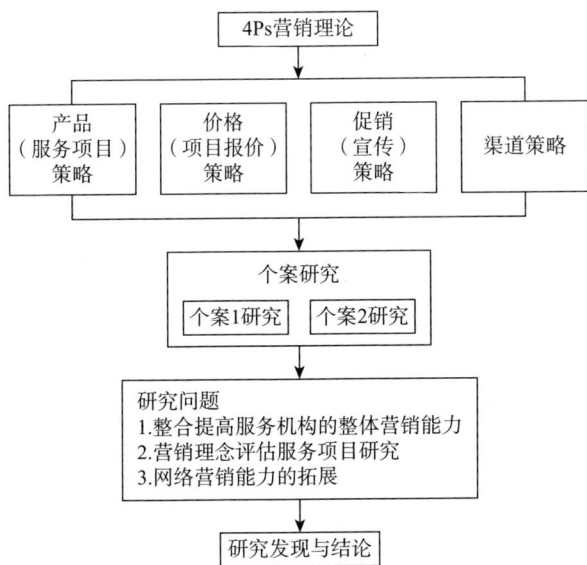

图1　研究思路和框架

本文采用个案研究的方法，尝试对 X 机构和 Y 机构展开比较深入的分析与探讨，并比较两家机构在服务营销和推广方面的异同。

X 机构是上海市首家提供专业化残疾人服务的社会工作服务机构，机构通过助人自助的残疾人专业化运作、项目化服务，通过政府购买服务、公益创投等途径争取经费，使残疾人更多地分享到经济发展和社会进步的成果。本文借取其代表性项目——"残疾人融入社会服务项目"展开分析。该项目是自 2011 年起，上海市民政局授权上海市社区服务中心开展福利彩票公益金资助项目的公开招标项目之一，最终由市民政局对服务项目的运作实施方予以审批。X 机构一共服务于 5 条街道的社区，共计 7000 ~ 8000 位残疾人，每位残疾人都持有中国残疾人联合会发放的残疾人证明。

Y 机构是一家民办非营利性社会工作机构。从机构创立至今，已累计服务 700 多户临终病者家庭，共计 3000 多人次；累积培育 400 余名医护专业人士和 400 余名生命关怀志愿者，目前服务一线的志愿者持续稳定在 90 人左右。Y 机构每年运作的项目主要分为社区和医院两个部分，并且大项目旗下有若干个子项目，子项目下设具体活动。本文借取医院部分的大项目展开分析，名称为"'生命花园'临终关怀服务项目"，该项目是由企业资助的，在项目具体执行过程中与相关医院、社区服务中心进行合作。

3. 资料收集方法

（1）访谈法

社会工作服务机构的服务项目营销及推广的研究主要选择四类访谈对象：一是社会工作服务机构的负责人或项目负责人，通过他们了解机构项目进展情况；二是政府部门参与政府购买服务和项目招投标的官员，以了解项目营销、推广中政府的态度和意向；三是服务机构项目营销的具体实施人和参与者，以了解实际项目推广状况；四是相关领域的专家，包括社会政策和社会工作的专家、社会工作实务方面的专家、社会营销专家，以了解他们对服务项目营销推广的看法，并对相关的案例进行评析。

（2）观察法

本文以参与式观察法对有关机构及其开展的推广活动进行了实地观察和记录，同其中一些机构的员工和学员一样按时上下班，参加各种接待活动和各种会议，如行政会议、任务安排会、各种大型活动，参观了机构的办公室和服务场地，观察了项目推广的具体实施情况。

四　X、Y 机构项目运作过程对比

（一）识别需求

X 机构一般是在每年的 5 月份开始准备项目的申请。机构专业社工比较少，服务覆盖面大，需要高校志愿者帮助走访服务对象。但是，每年的五六月份正好是高校学生的学期末尾，所以机构面临着志愿者缺失的困境，机构最终通过社区助残员的推荐和家庭材料的投递，挑选重点走访对象，但难以保证资料的全面性和准确性，一定程度上造成 X 机构在识别服务对象新需求上停滞不前。

Y 机构则是每年年末准备下一年度服务项目的申请，一般在 11 月份开始调查、走访医院和大病家庭。Y 机构调查的家庭一般都已被病痛折磨相当长的时间，物质压力和精神压力巨大，由专业社工与癌症俱乐部成员一起通过社区介绍走访大病家庭，但 Y 机构主要由企业资助，在识别需求阶段主要的困境是资金支持。

（二）提出解决方案

提出解决方案阶段即项目申请阶段。上海市财政局在每年 6 月面向上海市社会组织公布印发《上海市市本级政府购买服务实施目录》的通知。根据通知，X 机构首先向上级预算主管部门提出项目意向申请，申请通过后，机构与发标方之间进行沟通，紧接着，机构根据自己的实际情况、服务对象的情况以及发标方的要求撰写计划书，在双方的磨合和交流中完成招标流程。

与 X 机构不同，Y 机构创立之初就确立了面向企业筹措项目资金的愿景。Y 机构的服务项目不需要申请购买，而是通过与企业负责人接触、洽谈，获得企业的赞助资金，维持项目活动的开展。为此，机构负责人常年在外参加各种商业会缘、CSR 聚会和社会企业活动等，以展示机构历年服务项目的方式向企业负责人宣传机构及服务项目。确立赞助意向后，机构与企业负责人通过对企业回报、项目内容设计、成功合作案例、定期反馈四个方面内容进行细致探讨，确定项目的开展。

（三）执行项目

X 机构的项目基本活动已经在申请书里制定计划，工作人员按照项目计划实施，比如说，项目书计划在每个月开展一次专题讲座，讲座的具体内容会在活动开展前一周确定，确定之后根据人数通知服务对象讲座的具体时间、地点，人数较少时，机构工作人员会一个个打电话通知到位；当人数上升到 20 人以上时，机构会委托街道社区工作人员帮助通知。项目的执行过程在稳步推进的同时也会对服务对象的需求做进一步调查，对下一阶段活动做调整优化，以强化项目实效。图 2 是 X 机构项目执行的架构图。

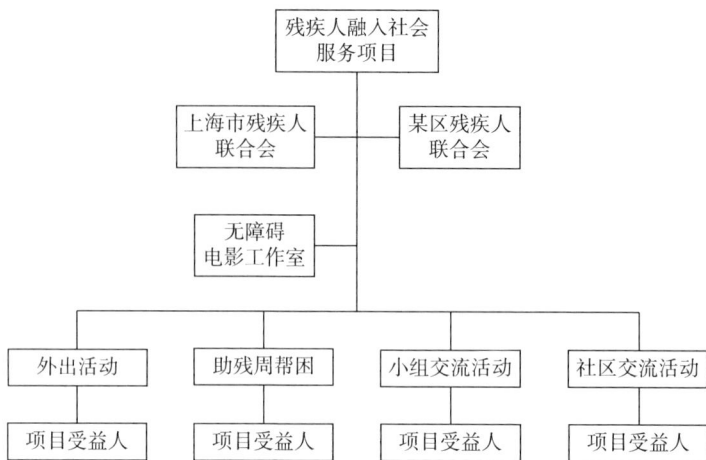

图 2　X 机构项目执行架构

Y 机构的项目活动资金来自企业，虽然企业不参与具体项目活动，但为了确保项目在执行过程中对企业社会责任感的传达和品牌宣传的推动，机构需要定期向企业报告项目执行进度和效应，需要公布活动开销明细。相较之下，X 机构项目执行过程明显缺乏有力监督。Y 机构的项目服务架构具体如图 3 所示。

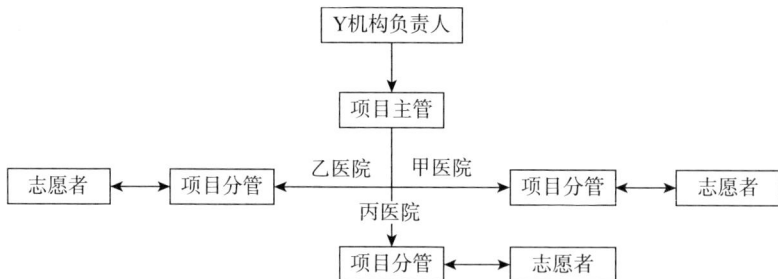

图 3　Y 机构项目执行架构

两家机构都需要拓展资金来源。虽然服务项目资金在项目申请阶段已经有比较详细的预算，但在项目具体的实施过程中不免遇到资金短缺的情况。比如说，X 机构是靠参加活动得到生活物资的方式吸引服务对象参与活动，从政府重视民生的角度补贴残疾人生活，提高其生活质量，但是，随着物价增长，项目资金不能每年增加。Y 机构的资金主要靠企业赞助，企业的经营活动会有相当经济风险，持续性有待考量。

另外，项目活动需要工作人员对流程的控制，引导服务进程。笔者在 X

机构的活动调查中，接收到服务对象的一个反馈，"你们做几天就不见了，等我们熟悉了，记住脸了，你们又不来了；今天是小陈，明天说不定是小曾，还没有混脸熟呢，又换人了"，这说明 X 机构的实习生（志愿者）服务时间短、变换快、服务连续性差，服务对象对机构工作人员感到迷惑。Y 机构项目活动的执行以入病房和家庭的形式开展，从 Y 机构服务项目的执行架构上看，需要大量工作人员，其中包括志愿者，几乎每一次活动的开展都需要志愿者的参与。而志愿者长期面向临终人士，负面情绪多，心理压力大，专业社工需要定期对志愿者进行心理辅导，缓解情绪，疏导思路，再进行下一步服务。

（四）结束项目

项目服务的后期，召开项目总结会，邀请服务对象、志愿者、合作单位共同参与，总结会上机构负责人发言对这一年的项目活动实施情况做总汇报和回顾，然后是邀请服务对象、志愿者、合作单位工作人员分别对机构服务做相应评估反馈。X 机构项目总结会一般会在社区活动中心举行；而 Y 机构的总结会则分为企业汇报总结和志愿者总结两部分，机构需要向企业汇报一年的工作进展和赞助费用的使用情况以及机构与企业合作的广告效应评估，志愿者总结则侧向机构对志愿者的感谢，并希望能延续下一个半年的志愿服务。

综合上述，X 机构的服务项目与 Y 机构的服务项目虽然在服务对象、服务形式、服务架构、服务效应上都不同，但是，它们都有共同的项目资源需求，那就是资金和志愿者。所以，X、Y 机构应该把机构及其服务推向广大群众，加大宣传推广力度，提高群众对社会服务的知晓率，向大众表明资源诉求，唤起群众的社会责任感和社会同情心，充分运用众筹精神，实现资金和志愿者来源多样化，减轻政府财政负担，丰富机构资金和人力资源。

五 4Ps 营销理论和个案服务营销及推广的对比分析

在展开社会工作服务机构项目的营销及推广分析之前，需要说明的是：营销与推广，二者并不重复，营销有经营、销售之意，推广则是推向市场、广而告之。以下以两家组织的具体服务或项目来展开分析。

（一）产品（服务项目）策略

1. X 机构代表性服务产品介绍

X 机构的服务产品是"残疾人融入社会服务项目"，机构为产品配备的工作人员主要有专职项目负责人和志愿者若干、兼职项目督导和财务专员，团队有一年以上助残服务经验。服务项目计划实施活动如表 1 所示。

表 1　服务项目计划实施活动

活动内容	活动具体细目
活动一 社区公益活动	DIY 手工艺品义卖
活动二 文体活动	舞蹈技能培训
	读书会
活动三 康复健身运动	
活动四 益智特色培训	益智拼图
	益智桌游
活动五 技能培训	定向行走
	技能康复训练
活动六 残疾人士子女课业辅导	幼儿
	小学
活动七 运动会	社区运动会
	社区趣味运动会
活动八 医疗及心理咨询	
活动九 助残周帮困	助餐服务
	喘息服务（钟点工服务）
活动十 放眼上海	自然景观一日游
	人文景观一日游
活动十一 才艺展示	文艺会演展示
	作品展示

X 机构希望通过本项目的开展，提供专业服务，首先，提高残疾人的生活质量，丰富残疾人的日常生活，包括家务料理和情绪舒缓，身心得到慰藉；其次，通过社会工作专业性小组活动，缓解残疾人士的精神压力，使他们学会调整情绪，提高应对各种困难和压力的心理承受力和能力；最后，希望通过主题沙龙、讲座等形式活动的开展，为服务对象建立交流、

互助平台，提高残疾人士的社会交往能力，扩展受益人的社区支持网络，从而改善整体生活状态。与此同时，通过需求调研、社区及其他相关活动，建立服务对象信息和需求档案，挖掘服务对象的需求和他们自身的潜能，为将来的服务做准备。最终在有益于服务对象的同时，实现机构的服务理念和宗旨，为机构的发展和自我完善做贡献，以更好地实现自身价值。

2. Y 机构代表性服务产品介绍

Y 机构的服务产品是"'生命花园'临终关怀项目"，工作人员和志愿者必须定期接受培训，项目以走访医院和服务对象家庭为服务形式。

在生命的最后一站，每个人及其家庭都会面临身体和精神的双重困境。"生命花园"临终关怀项目通过机构与医院合作、践行社会工作伦理和价值观，用志愿者实践的方式，帮助服务对象安详走向生命终结，为临终病人送上最后的人间温情；舒缓病人家庭情绪，帮助做好送别亲人的准备；为久病家贫的服务对象送上物质关怀。也希望通过全人关怀理念的普及和社工陪伴服务的专业化，促进社会大众对临终关怀的认识和支持，推广生死教育，进一步推动临终关怀事业的发展，实现机构服务理念和宗旨，推动临终社会工作的发展。

3. X、Y 机构代表性服务产品策略比较

服务产品不同，面向服务对象差异，但当 X、Y 机构面向广大群众和企业营销与推广时，可以利用各自服务产品的特性，制定不同的服务产品策略。X 机构的服务对象是残疾人，相对于 Y 机构的服务对象，在人数和范围上较广，可以对服务产品进行市场细分，针对不同的群体制定不同的营销策略，并延长产品的服务周期，实现服务产品的可持续性宣传。但是，X 机构没有充分利用自身的优势，甚至都没有在服务产品上，针对广大群众和企业营销和宣传，机构的志愿者来源于上级部门分配的实习名额，所以，每到实习结束，X 机构就会出现志愿者荒，服务质量下降，服务对象不满情绪增加。

Y 机构的服务产品具有独特性特点，临终关怀的概念在中国至今新颖，民众对临终关怀好奇心盛，关注度高，所以，Y 机构可以利用"临终关怀"的概念全面推广临终关怀服务项目，吸引更多的群众加入和参与临终关怀项目活动。但中国民众对"死亡"一词及其相关概念都是避而不见，故而 Y 机构在大面积宣传推广临终关怀服务项目上存在很大局限性，这就要求机构学会市场细分，可以把市场分为难以接受群体、较难接受群体、尚可接受群体、易接受群体。Y 机构延长产品服务线至临终病人家庭，服务进一步到位，体现了产品策略。

（二）价格（项目报价）策略

1. X 机构代表性服务产品报价及根据

X 机构的产品报价策略即价格策略，"残疾人融入社会服务项目"的报价是 23 万元，项目资金的来源是政府购买，活动资金分为三期划拨：前期 60%，中期 20%，后期 20%。机构报价的主要根据是机构子项目的活动费用预算。

2. Y 机构代表性服务产品报价及根据

Y 机构"'生命花园'临终关怀项目"的项目活动总经费是 25 万元，由某企业赞助，产品价格是企业社会责任感的体现，也是企业广告成本的一部分，是根据机构服务项目的开展设定，项目费用支出如表 2 所示。

表 2　Y 机构项目费用支出明细

费用类别	用途
项目活动费用	媒体等宣传费用
	大型社区宣传费用
	活动和培训场地费
	探望赠品
项目人员费用	志愿者补贴
	社工补贴
	专家培训费

3. 对比 X、Y 机构代表性服务产品报价策略及根据

项目报价是在机构申报项目时，根据服务对象的需求和项目经营管理成本，在制定每一次服务活动的同时对此次活动的预算进行计划，是活动项目有形成本和无形成本的总和。对服务项目报价具有影响力的是服务对象人数、服务次数、服务形式，X 机构与 Y 机构的报价相比，Y 机构服务项目的报价更多。原因是 Y 机构服务项目的开展需要大量志愿者，为了招募、培训和维持志愿者服务，机构对志愿者方面的投入要比 X 机构多，且 Y 机构更注重机构项目的营销和推广，宣传渠道多样，增加了 Y 机构

的无形成本。另外，X 机构执行项目服务过程中的花费主要用于服务对象参加活动的奖品，而 Y 机构在执行项目服务过程中的花销主要用于志愿者走访补贴和探访礼物，所以 Y 机构的服务项目产品定价策略比 X 机构浮动大。

（三）渠道（项目传播途径）策略

1. X 机构代表性服务产品的传播途径

X 机构的项目传播途径主要分为三类。第一，服务对象。服务对象对项目服务机构的反馈不仅包括其直接面对工作人员时的反馈，同时也包含了对街道、社区内居民的隐性传播，即通过口口相授宣传机构的各项活动，同时也传播了服务项目和机构本身。第二，实习生。机构的实习生一般都来自上海各大高校，他们在实习过程中接触机构的工作人员和服务对象，亲身体验服务项目，他们与老师和同学们的交流也是传播机构项目的一种有力渠道。第三，各级政府部门的传播，包括社工服务机构的监督部门，这些部门依靠行政力量、工作的安排和监督指导来传播。

2. Y 机构代表性服务产品的传播途径

Y 机构的传播途径多，范围广，形式不拘一格，且在项目服务的整体过程中都重视服务项目的营销和推广，在识别需求和制定解决方案的申请服务立项阶段，宣传和推广途径以学校和社区为主，医院和企业为辅，因为这一段时间着重志愿者招募，以宣讲会为主要传播方式。在执行服务项目的过程中，机构主要以企业和社区为宣传对象，重在吸引志愿者参与和筹资，宣传和推广的形式分为线上和线下，线上是指微博、微信、App、各大报纸等大众传媒推广渠道，线下传播途径有医院、学校、企业、社区等实体组织，也包括通过社会活动宣传，例如，上海市公益月、上海市公益伙伴日、中国公益慈善项目交流展示会等。另外，接受过服务的临终病人家庭对这种形式的关怀接受度提高，会帮助机构间接性传播。在结束项目阶段，Y 机构会收集服务对象案例，制作宣传册、视频用于项目的营销和推广。

3. X、Y 机构代表性服务产品的传播途径比较

X 机构服务项目的整体传播路径多，但传播以点为主，且关联度高。另外，机构以参加活动即赠送礼品的形式不仅能缓解残疾人家庭的经济压力，也能保证服务的持续性，同时也就保证了机构服务宣传推广的持续性。相

对而言，街道、社区的传播渠道是非常有力的直线型：基于我国国情，街道、社区是我国政府部门最基层的管辖部门设置，对居民的影响力大，通过街道、社区对社工机构及其服务项目的传播面虽然有限，但是最有力度，传达的信息具有高度准确性、可靠性。Y 机构服务项目的宣传传播途径广且精练，形式多样，是非营利性社工服务机构渠道传播的代表，项目前期的传播不仅注重项目推广，更着重于后期项目执行的人力资源的储备，故而传播途径具有针对性，重效益；宣传不拘一格，线上线下双管齐下，宣传方式多，推广到位。

X 机构与 Y 机构对各自代表性项目在传播途径上的异同有以下六点：一是都重视服务对象这一传播途径，都能达到宣传的目的，不同的是 X 机构用礼品的方式维持项目活动，Y 机构则是用服务感化服务对象；二是都拥有线上线下多条传播途径，不同的是传播面的宽窄不一，X 机构明显处于弱势；三是志愿者方面，X 机构的实习生（志愿者）来源仅局限于上海高校，而 Y 机构的志愿者来自上海各行各业的普通市民，且人数多、服务周期长；四是在项目活动衔接上，X 机构人力资源不足，传播的点、线、面都受到管理不到位、人力短缺的影响，而 Y 机构承接项目主要分为社区和医院两大块，项目活动衔接不匆忙，且分别有负责人代理，其下再设管理人员，志愿者人数众多有助于缓解人力资源压力；五是在企业营销上，X 机构还未曾与企业有过正式的合作，目前与企业的接触仅停留在持续洽谈阶段，相对而言，Y 机构已持续多年与多个企业联袂合作，机构也非常重视对企业的项目宣传和推广，与出资企业多方面来往密切；六是 X 机构有固定的传播渠道，却没有制定传播策略，X 机构的负责人认为机构没有足够的时间和人力对项目进行宣传，Y 机构负责人没有经过专业的市场营销理论学习，却很注重机构及其服务传播途径的多样化，增加传播渠道。

（四）促销（项目宣传）策略

1. X 机构代表性服务项目的宣传

根据 X 机构的项目负责人某某介绍："机构在宣传和推广服务项目上做得很少，以前还有公众号，现在公众号也没有，在这方面做得比较差，没有宣传。""做项目的时候频率太高，机构忙着的是发展壮大自身的活动并不能十分顾及宣传服务这一块。""宣传需要时间去推，没有时间的，但是会搭着做一点，例如把残疾人画的画、做的作品环保袋，拿去给市民们和服务对象做个推广，等等，吸纳一些志愿者……"根据笔者访谈了解，X机构的活动项目宣传推广非常少，真正的宣传推广只有少数的几项：一是每次活动结束后的活动信息发布，通过互联网向上海公益招投标网、上海社会组织网、网易博客、新浪微博等网站发布活动信息，但机构从未主动运作活动信息的推广；二是机构大型活动的开展，会邀请《新民晚报》、新浪微博等大众媒体现场采访报道；三是每个项目运作前期，会制作印有活动项目名的购物袋，发放给服务对象及相关人员；四是机构上年制作了特色年历，发放给合作的各部门组织及服务对象。

2. Y 机构代表性服务项目的宣传

Y 机构的项目宣传渠道的多样性决定了宣传方式的丰富多样，分别体现在线上和线下，线上：Y 机构线上的宣传方式多样，宣传不仅停留在"机构做过"这样的层面上，还侧重于"机构是利用了何种资源通过什么样的方式怎样去做服务并取得了什么样的效果"，通过对线上宣传媒体的筛选，择优选择受众群体广的互联网媒体，例如东方网、微博、微信等，通过对项目运作进程的公布，形成一套完整的项目播报节目，具有关注持续性和完整性；另外，Y 机构定制了 App，其作用有机构介绍、项目介绍、项目宣传推广、志愿者招募、项目成果展示、筹措资源、集款，下载 App 的大众不但接受了机构项目活动的宣传推广，也能对机构的日常活动有有效认知，还能参与互动和机构营销、推广。线下：Y 机构在学校、社区、企业等组织的宣讲会上播放服务活动视频集锦，并邀请志愿者讲述亲身志愿活动经历，以加大宣传力度；深入社区展示项目活动成果；积极参加上海各种公益活动组织；在公益活动日上发放绘有机构卡通吉祥物的项目宣传手册及其他项目宣传资料。

3. X、Y 机构代表性服务项目宣传策略比较

相对而言，X 机构没有足够的人力资源和时间专项、专攻服务项目宣传及推广，项目的宣传渠道和方式有限，主要是在识别服务需求和执行项目活动的过程中顺带"搭着做点"，更像机构在完成"做过活动"的"见证"，宣传推广的效果也非常有限。但是，Y 机构在人员分配、资金补充、时间衔接等资源上都对服务项目的宣传推广合理配置，推广基础扎实，加上机构对志愿者和筹资的刚性需求，Y 机构在项目宣传推广方面的工作做得细致到位。另外，Y 机构在与企业合作的过程中注重活动进程的公开和活动成果的展示，以开放的姿态面对大众和企业的关注，公开机构诉求，积极应对服务市场。

六 X、Y 机构服务营销及推广资源的优劣势比较分析

（一）面向服务对象的宣传和推广

服务对象是社会工作机构面向公众最有力的宣传渠道，服务对象的切身体验情况对公众具有较强说服力，服务对象是机构营销推广的重要资源。所以，提高服务质量，面向服务对象宣传和推广，是间接性营销社会工作服务机构的重要形式之一。X、Y 机构虽然都是民办非营利性社会工作服务机构，但它们的创立背景不同，X 机构依托上海市民政局，是在相关部门辅助下建立的社工机构，而 Y 机构是草根民办非营利性机构，初始的创立是法定代表人自身经验和理念的结合。从这一层面可以看出，X 机构服务项目营销和推广的政治制度资源优势明显，不仅可以用来控制机构日常经营管理和服务项目运作，提高服务质量，还可以提高公众关注度和信任度，在适当场合营销机构及其服务，推广机构服务，向公众公布机构诉求。

另外，X 机构项目每年按部就班地向发标方申请，每年的服务项目固定，项目资金相对固定和充裕，服务形式以向服务对象发放生活物资进行维持，对服务对象的利益诱惑大；Y 机构的项目资金主要来源是企业赞助，企业是严格控制成本的经济企业，Y 机构也会严格控制其项目运营成本，故而在活动项目花费上受限，对服务对象的利益吸引不够，只能以更优质的服务弥补资金的不足。所以，面向服务对象时，X 机构比 Y 机构更有营销和推广资源的优势。

（二）内部营销及推广状况分析

从组织内部来看，X 机构的专业社工在 7 人左右，Y 机构的专业社工在 12 人左右，人力资源是重要的营销资本，所以这一方面 Y 机构优势更大；另外，基于机构项目服务领域和服务形式的不同，Y 机构所需的志愿者人数远多于 X 机构，且 Y 机构志愿者的服务时间长、固定，X 机构志愿者的服务时间散漫。Y 机构的志愿者广泛来自公众，X 机构的志愿者基本来自高校，学生根据学校的时间安排，故而在人员固定上，X 机构的志愿者不如 Y 机构的志愿者固定。所以，Y 机构的内部营销和推广比 X 机

构有优势。

（三）与政府部门交流与合作

虽然 X 机构与 Y 机构都是民办非营利性社会工作机构，但双方的创立、发展政治背景和代表性服务项目的出资方都不一样，这也就决定了两家机构与政府部门的交流与合作的差异。X 机构与街道社区关系密切，一是机构对服务对象的接触、招募和走访都需要来自街道和社区的帮助与合作；二是机构没有固定的活动场所，举行活动都以服务对象为准，根据就近原则安排在街道和社区的服务中心；三是街道和社区举办的活动也会邀请机构项目服务对象参加；四是机构举办社区活动也会邀请社区代表，双方交流来往不断。相对而言，由于 Y 机构的临终服务项目的资助方是某企业，所以，Y 机构在临终关怀项目上与政府部门的交流与合作主要是例行公事的文件交接和项目情况汇报。所以，在与政府部门的交流与合作中，X 机构具有极大优势。

（四）面向企业的合作与营销

从现实的情况来看，截至目前，X 机构与企业还没有过正式的洽谈与合作，所以，在此无法对 X 机构面向企业的营销做分析。Y 机构与企业正在合作，并将长期合作，故而 Y 机构面向企业的营销机制完善。Y 机构与企业遵循机构自我评估 → 选择与评估合作伙伴 → 制定合作营销计划 → 执行合作营销计划 → 事后分析与绩效评估的合作环节。但 Y 机构临终关怀项目具有特殊性，所以，某企业的出资也仅是对机构项目运作的资助而非参与项目营销和运作。这能充分保证 Y 机构在项目运作过程中的主动性和服务的专业化。另外，机构通过各种渠道为赞助企业做品牌宣传，例如，在工作服上印制机构与企业合作标志；机构项目总结会上邀请企业负责人到场就企业社会责任感话题做演讲；等等。机构与企业的关系是投之以琼浆，报之以桃李，有来有往合作愉快。

近年来，Y 机构与企业有多种合作形式，曾接受过企业的实物捐赠、资金捐赠和资源捐赠，促进了机构工作开展更高效、便捷；有效改善部分服务对象家庭经济状况，提高生活质量。企业也是机构重要的志愿者来源之一，不仅辅助了机构服务项目的顺利开展，也为机构服务对象的拓展贡献力量，还是机构服务宣传和推广的重要中坚力量。

（五）借助媒体、互联网平台

X 机构与 Y 机构都借助媒体和互联网平台营销和推广项目活动，双方线上活动都比较频繁，但从细节上看，Y 机构对互联网平台使用范围更广，使用方式更为灵活，比如说，App 平台的使用在社会组织中并不多见，但 Y 机构不但利用 App 招募志愿者、公布项目活动完成进度，还利用 App 便于宣传和推广的优势广泛筹集社会资金；利用有影响力的东方网、《新民晚报》、新浪新闻等宣传媒体，推出系列性的项目活动宣传，不但新颖而且具有传播完整性优点。笔者在网上针对 X、Y 机构及其活动项目做关键词检索时发现，Y 机构及其活动项目在网上出现的频率比 X 机构出现的频率要高。互联网和媒体资源具有开放性，X、Y 机构在这方面的营销和推广资源相对均等，但从使用情况上分析，Y 机构对线上资源的使用能力比 X 机构强，资源使用率比 X 机构高，故而 Y 机构在借助媒体、互联网平台营销和推广上有优势。

七　研究结论和建议

（一）研究结论

目前，我国社会服务机构项目制不断完善，社会服务机构把主要精力放在项目的申请与运作上，机构既没有营销和推广的理念，也严重缺乏人力资源和时间上的优势。机构负责人大都以人员不足、时间不够为借口推脱机构及服务项目的营销和推广，事实上，绝大多数的民营非营利性社会工作服务机构的服务项目存在项目资金缺乏、人力资源不足的现状。通过本文的论述，社会工作服务机构有必要借鉴经典 4Ps 营销理论中的相关策略，学会包装机构和打造品牌优势，通过由内至外营销理念的强化，把机构及其服务项目推向市场，面向公众，制定适合的营销战略，为机构良好有序的发展贡献一份力量。

本文研究的是上海地区的社会工作服务机构，虽然目前大多数服务机构的营销推广意识不强，但随着服务市场竞争的加剧和市场营销学理念的传播，社会工作服务机构必然会看到借鉴市场营销理念能降低运营成本，提高机构决策、管理水平，筹措资金，招募服务对象、志愿者和工作人员，提高服务质量等方面的利处，且上海地区经济发展快、公众接受能力强，相信在不远的将来，社会工作服务机构负责人会改变经营管理理念，接受市场营销学相关理念，借鉴、使用营销策略和方法。

（二）研究的反思和建议

社会工作服务项目以社会工作服务机构为载体，社会工作服务项目营销及推广状况的改善只能以社会工作服务机构为依托，故而整合提高社会工作服务机构的整体营销能力是帮助服务项目营销和推广的最基本也是最有效的途径。从里到外、从内部环境到外部环境、从思想意识到实践行为都经过洗礼才能把营销理念真正渗透到社会工作服务机构。

第一，社会工作服务机构工作人员的思想意识需要转变，管理者要具备较高素质和一定的营销知识，发掘具有营销潜力的员工，这将有利于组建一支专业营销团队。

第二，社会工作服务机构内部监督机制的建立，市场营销学的理念绝非仅仅局限于对产品及服务的营销，而是建立一整套的营销机制，机构内部的自我监管也在机制之内。

第三，重视品牌营销。社会工作服务机构借鉴市场营销理论，其中品牌战略不可忽视，应当树立良好的机构品牌形象，提高品牌竞争力，用品牌赢得服务对象的青睐。

第四，每一个有效服务项目的顺利运作，都需要多方群体的配合，正确协调社工机构与社会各方的利益关系。

第五，准确运用营销理念来评估服务项目中的相关指标，使营销的概念和方法逐渐深入人心。

第六，充分运用网络营销模式的优势进行社会工作服务机构的营销和推广。

社会服务机构及其服务项目的营销和推广从形式上和事实上都是一体的，营销和推广的形式多种多样，但根据笔者实际观察和体验，社会工作服务机构应该注重某一种推广方式的使用，利用深入推广的方式替代泛方式宣传，这样才能真正达到营销和推广的目的。

参考文献

陈华，2011，《吸纳与合作——非政府组织与中国社会管理》，社会科学文献出版社。
陈家建，2013，《项目制与基层政府动员——对社会管理项目化运作的社会学思考》，

《中国社会科学》第 2 期。

陈为雷，2010，《社会工作行政》，中国社会出版社。

陈为雷，2013，《从关系研究到行动策略研究——近年来我国非营利组织研究述评》，《社会学研究》第 1 期。

崔雪宁，2012，《社工机构项目化运作面临的挑战及对策研究——以上海市 X 机构未成年子女关爱行动为例》，硕士学位论文，华东理工大学。

董文琪，2006，《非营利组织的合作营销研究》，博士学位论文，中南大学。

范斌，2005，《论当代中国民间慈善活动的三种实现方式——以上海市民间慈善组织、慈善项目和自发活动为例》，《华东理工大学学报》第 4 期。

范明林，2010，《非政府组织与政府的互动关系——基于法团主义和市民社会视角的比较个案研究》，《社会学研究》第 3 期。

冯冬梅，2007，《我国非营利组织的项目管理问题探讨》，《中山大学学报论丛》第 4 期。

关信平、赵婷婷，2012，《当前城市民办养老服务机构发展中的问题及相关政策分析》，《西北大学学报》第 5 期。

郭国庆、汪晓凡、李屹松，2009，《非营利组织体验营销的特征及组合策略研究》，《当代经济管理》第 3 期。

胡峰，2014，《我国非营利组织营销的实证研究》，硕士学位论文，首都经济贸易大学。

姬中宪，2012，《园区模式：社会组织发展的一种新路径——以浦东公益服务园为例》，《江苏行政学院学报》第 1 期。

康晓光、郑宽、蒋金富等，2010，《NGO 与政府合作策略》，社会科学文献出版社。

李友梅、肖瑛、黄晓春，2012，《当代中国社会建设的公共性困境及其超越》，《中国社会科学》第 4 期。

彭善民，2010，《上海社会工作机构的生成轨迹与发展困境》，《社会科学》第 2 期。

田凯，2003，《机会与约束：中国福利制度转型中非营利部门发展的条件分析》，《社会学研究》第 2 期。

王方华、周洁如，2005，《非营利组织营销》，上海交通大学出版社。

王名，2010，《非营利组织管理概论》，中国人民大学出版社。

王绍光，1999，《多元与统一——第三部门的国际比较》，浙江人民出版社。

王思斌，2012，《政府购买服务与加强社会服务评估》，《中国社会工作》第 8 期。

闻英，2009，《官办社会工作机构的状况及发展策略》，《郑州轻工业学院学报》（社会科学版）第 10 期。

杨晶、李先国，2001，《非营利组织的营销管理》，《北京市财贸管理干部学院学报》第 3 期。

杨林，2012，《社会工作服务项目化管理研究》，硕士学位论文，郑州大学。

余娟，2002，《非营利组织营销：一个崭新的营销观念》，《科学·经济·社会》第 2 期。

詹姆斯·P. 盖拉特，2003，《21 世纪非营利组织管理》，邓国胜等译，中国人民大学出版社。

张凤帆，2004，《科技非政府组织研究》，博士学位论文，武汉大学。

张洁，2012，《北京市社会工作事务所中社会工作者的激励状况研究——以北京市两家社会工作事务所为例》，硕士学位论文，中国青年政治学院。

朱健刚、陈安娜，2013，《嵌入中的专业社会工作与街区权力关系——对一个政府购买服务项目的个案分析》，《社会学研究》第 1 期。

Bernd Helmig, Marc Jegers, & Irvine Lapsley. 2004. "Challenges in Managing Nonprofit Organizations: A Research Overview." *International Journal of Voluntary and Nonprofit Organizations*.

Caroline Burnley, Carol Matthewsand, & Stephanie McKenzie. 2005. "Devolution of Services to Children and Families: The Experience of NPOs in Nanaimo, British Columbia' Canada." *International Journal of Voluntary and Nonprofit Organizations*.

Curtis Child. 2010. "Wither the Turn? The Ambiguous Nature of Nonprofits' Commercial Revenue." *Social Forces* 89 (1): 145 – 162.

Kotler P., Roberto E., & Lee N. 2002. *Social Marketing: Improving the Quality of Life*. Sage Publications.

Michael Moody. 2008. "Building a Culture: The Construction and Evolution of Venture Philanthropy as a New Organizational Field." *Nonprofit and Voluntary Sector Quarterly*.

Paul M. Dholakia and Vicki G. Morwitz. 2002. "How Surveys Influence Customers." *Harvard Business Review*.

Philip James. 2011. "Voluntary Sector Outsourcing: A Reflection on Employment-related Rationales, Developments and Outcomes." *International Journal of Public Sector Management*.

Russell-Hodge J. 1995. "Total Project Management: The Customer-led Organisation." *International Journal of Project Management* 13 (1): 11 – 17.

Sharad D. 1986. "Management by Projects: An Ideological Breakthrough." *Project Management Journal*.

《都市社会工作研究》稿约

为推进都市社会工作研究和实务的发展，加强高校、实务机构和相关政府部门的专业合作，上海大学社会学院社会工作系与出版机构决定合做出版《都市社会工作研究》辑刊，特此向全国相关的专业界人士征集稿件。

一 出版宗旨

1. 促进都市社会工作研究的发展。社会工作系希望通过本辑刊的交流和探讨，介绍与阐释国外都市社会工作理论、方法和最新研究成果，深入分析国内社会工作各个领域里的问题和现象，探索中国社会工作发展的基本路径，繁荣社会工作领域内的学术氛围，推动社会工作的进一步发展。

2. 加强与国内社会工作教育界的交流。社会工作系希望通过出版辑刊，强化与国内社会工作教育界交流网络的建立，共同探讨都市社会工作领域的各类问题，共同推动中国社会工作的教育和专业人才培养的深入开展。

3. 推动与相关政府部门的合作。社会工作系希望通过辑刊出版之契机，携手相关政府部门共同研究新现象、新问题、新经验，并期翼合作研究成果对完善政策和制定新政策有所裨益。

4. 强化与实务部门的紧密联系。社会工作系希望通过辑刊出版，进一步加强与医院、学校、工会、妇联、共青团、社区管理部门、司法部门、老龄与青少年工作部门，以及各类社会组织的密切联系与合作，通过共同探讨和研究，深入推动中国社会工作实务的开展。

5. 积累和传播本土社会工作知识。社会工作系希望通过出版辑刊，能够更好地总结中国社会工作理论与实务的经验，提炼本土的社会工作专业服务模式，从而推动社会工作专业的健康发展。

二 来稿要求

1. 稿件范围。本辑刊设有：医务与精神健康社会工作、老年社会工作、儿童与青少年社会工作、城市社区社会工作、城市家庭和妇女社会工作、学校社会工作、社区矫正、社区康复、社会组织发展、社会政策分析及国外都市社会工作研究前沿等栏目，凡涉及上述领域的专题讨论、学者论坛、理论和实务研究、社会调查、研究报告、案例分析、研究述评、学术动态综述，等等，均欢迎不吝赐稿。

2. 具体事项规定。来稿均为原创，凡已经公开发表的文章不予受理。篇幅一般以 8000～10000 字为宜，重要的可达 20000 字。稿件发表，一律不收取任何费用。来稿以质选稿，择优录用。来稿请邮电子或邮纸质的文本。来稿一般不予退稿，请作者自留稿件副本。

3. 本辑刊权利。本辑刊有修改删节文章的权力，凡投本刊者被视为认同这一规则。不同意删改者，请务必在文中声明。文章一经发表，著作权属于作者本人，版权即为本辑刊所有，欢迎以各种形式转载、译介和引用，但必须遵照《中华人民共和国著作权法》及有关国际法规。

4. 来稿文献引证规范。来稿论述（叙述）符合专业规范，行文遵循国际公认的学术规范。引用他人成说均采用夹注加以注明，即引文后加括号说明作者、出版年份及页码。引文详细出处作为参考文献列于文尾，格式为：作者、出版年份、书名（或文章名）、译者、出版地点、出版单位（或期刊名或报纸名）。参考文献按作者姓氏的第一个拼音字母依 A—Z 顺序分中、英文两部分排列。英文书名（或期刊名或报纸名）用斜体。作者本人的注释均采用当页脚注，用①②③④⑤……标明。稿件正文标题下分别是作者、摘要、关键词、作者简介。作者应将标题、作者名和关键词译成英文，同时提供 150 词左右的英文摘要。文稿正文层次最多为 5 级，其序号可采用一、（一）、1、（1）、1），不宜用①。来稿需在文末标注作者的工作单位全称、详细通信地址、联系电话、邮政编码，并对作者简要介绍，包括姓名、职称、学位、研究方向等。

图书在版编目（CIP）数据

都市社会工作研究. 第 6 辑／张文宏主编. —— 北京：
社会科学文献出版社，2019.6
ISBN 978 - 7 - 5201 - 4964 - 8

Ⅰ.①都… Ⅱ.①张… Ⅲ.①城市 - 社会工作 - 研究
- 中国 Ⅳ.①D632

中国版本图书馆 CIP 数据核字（2019）第 110781 号

都市社会工作研究 第 6 辑

主 编／张文宏
执行主编／范明林 杨 锃

出 版 人／谢寿光
责任编辑／胡庆英
文稿编辑／杨鑫磊 马甜甜 张真真 朱子晔 徐 花

出 版／社会科学文献出版社·群学出版分社（010）59366453
地址：北京市北三环中路甲 29 号院华龙大厦 邮编：100029
网址：www.ssap.com.cn
发 行／市场营销中心（010）59367081 59367083
印 装／三河市尚艺印装有限公司

规 格／开 本：787mm × 1092mm 1/16
印 张：12.75 字 数：217 千字
版 次／2019 年 6 月第 1 版 2019 年 6 月第 1 次印刷
书 号／ISBN 978 - 7 - 5201 - 4964 - 8
定 价／79.00 元

本书如有印装质量问题，请与读者服务中心（010 - 59367028）联系